搏命

屏東老農搜出餿水油

台中市警局偵查佐吳治明（右），
跨區協助屏東老農辦案，
英勇事蹟獲得表揚。
（照片吳治明提供）

代價

公務員戴立紳的搏鬥

戴立紳因為檢舉貪污，
丟掉家畜所工作，
希望受到法律保障。

鳴笛

來自台鐵員工黃德輝與李景村的聲音

台鐵技術助理黃德輝
從內部吹哨。

吹哨人群像

鳴笛

來自台鐵員工黃德輝與李景村的聲音

雲海餐廳重新開張，
大女兒董曉玲與丈夫范銘浚（右）
努力找真相。二妹至今仍然自責，
但懷抱孕育新生代的喜悅。

打火

消防員徐國堯的抗爭之路

第一位釋憲成功的
吹哨人消防員徐國堯。

防詐

郵局行員陳惠澤的進擊

郵局行員陳惠澤，
是防詐騙的祖師爺。

挖掘

學者黃煥彰和
里長李新進的環保事件簿

台南里長李新進
檢舉學甲爐渣掩埋農田案，
不畏威脅。

挖掘

學者黃煥彰和
里長李新進的環保事件簿

學者黃煥彰吹哨事件一籮筐，
追一個案子往往就是 10 年以上。

去腐

副研究員吳佩蓉促進
東廠轉型正義

副研究員吳佩蓉揭發東廠事件。

對決
最強吹哨人張晉源的逆襲

前永豐銀總經理張晉源，
是實力堅強的吹哨人，
令何壽川收押禁見。

吶喊
藝人隋棠吹響暗夜哭聲

藝人隋棠當說故事老師，
成為孩子的傾訴對象。
（照片大一國際有限公司提供）

《吹哨人》
作者黃光芹

為小蝦米對抗國家機的
平民戰役發聲

吹哨人

小蝦米對抗國家機器的平民戰役

黃光芹 著

推薦序

RECOMMENDED

莫愁前路無知己

金管會主委　黃天牧

英國金融行為監理總署（Financial Conduct Authority, FCA）及審慎監理局（Prudential Regulation Authority, PRA）於二〇一八年共同對「巴克萊銀行」執行長裁罰約六十四萬英鎊，主要是因其對內部舉報案件之處理不當。該名執行長於二〇一六年收到一封匿名舉報信，部分指控事項涉及執行長本人，其非但未於調查過程中保持適當距離，反而試圖找出該名檢舉人。FCA及PRA認為此舉違反主管機關之要求與期待，且可能破壞對「巴克萊銀行」內部舉報處理程序之信心。

主要國家愈趨重視企業內部檢舉制度之建立與落實執行，早於二〇一四年，金融監督管理委員會（下稱金管會）即著手督導臺灣證券交易所及證券櫃檯買賣中心修正

「上市上櫃公司誠信經營守則」及「上市上櫃公司治理實務守則」規定，鼓勵上市上櫃公司設置內部檢舉管道，建立檢舉人保護制度，並對檢舉資料之處理等訂定內部作業程序及納入內部控制制度控管。

金融業經營尤重誠信，良好之法令遵循制度與文化，為誠信經營核心價值之具體實踐。為協助金融機構建立誠信、透明之企業文化及促進健全經營，應鼓勵員工主動舉發不法案件，於案件程度擴大前即速予處理，達到防微杜漸之效並避免損及金融機構信譽。

故金管會於二〇一八年上半年修正銀行業、證券業與保險業之內部控制及稽核制度實施辦法，明定金融機構應建立內部檢舉制度，指定具職權行使獨立性之單位負責檢舉案件之受理及調查，並將檢舉制度納入內部控制制度範圍；同時提供檢舉人身分保密、禁止不利人事措施、利益衝突迴避、不法告發義務，及檢舉制度之宣導與教育訓練等揭弊保護措施。

未來金融業者如有違反，可依各相關業法規定給予相對應之處分，法規面對吹哨者保護應有一定助益及保障。另金管會亦將檢舉制度納入金融檢查範圍，以督促金融業確實建立及落實檢舉制度。

「莫愁前路無知己，天下誰人不識君」，本書作者黃光芹女士用心收錄許多案例，希望促成《公益揭弊者保護法》早日完成立法。除金融相關法規已納入吹哨者保護條款外，法務部亦積極催生《公益揭弊者保護法》，以強化公私部門吹哨者保護，進一步落實聯合國反貪腐公約接軌國際，金管會將持續配合法務部法案推動方向及立法進程，以期建構更為完善之吹哨者保護制度。

推薦序

RECOMMENDED

亟需勇於堅持正義的「雞婆」文化

司改會董事長、律師　林永頌

「吹哨人」（Whistleblower）用詞固然起源於十九世紀警察發現有罪案發生時會吹哨子的動作，以引起同僚以及民眾的注意。然而，從聖經記載可知，早在兩千六百多年前，猶大王國晚期，先知耶利米即扮演吹哨人的角色，他對猶大國說：「從先知到祭司都行事虛謊。他們輕輕忽忽地醫治我百姓的損傷，說：平安了！平安了！其實沒有平安。」但當時從國王到人民都聽不下這話，甚至把先知耶利米下到監牢，最終國破家亡。

可見，一個社會若沒有人基於正義公理扮演警戒、守望的角色，或者，即使有人吹哨，掌權者卻漠視、未保護說真話的吹哨者，社會將加速腐敗，國家走向滅亡。

吹哨者講真話，會招致各種不利益，但可能帶來制度的改變。一九九一年台南地院某案件，監委關說，台南地院院長利用送閱制度施壓承審謝說容法官，謝法官與庭長張國彬商議後，將院長施壓的過程錄音，公開於媒體，引起各界關注，謝法官被公開申誡，張庭長被申誡且以人地不宜為由調為屏東法院庭長，王院長也調到嘉義法院院長，這個候補、試署法官宣判前，要將判決給沒有參與審判的院長批可，會影響審判獨立的送閱制度，於一九九五年廢除。

筆者讀研究所時的德文老師Frau Ma（蕭亞麟教授）曾在課堂上提到親身經歷，令我至今印象深刻。她成長於德國，剛到台大教書，住在學校宿舍，有一天在宿舍附近看見有人亂丟垃圾，她即上前勸阻，結果亂丟垃圾的人反嗆她：「這是妳家嗎？妳憑什麼管！」Frau Ma很驚訝，因為在德國不會有人違規還敢這樣反嗆，若違規者敢這麼反嗆，一定會有更多位歐巴桑站出來指責違規的人。很顯然，Frau Ma在德國經驗到的是大多數人勇於堅持正義的文化，作為一個吹哨者在那樣的文化中被大部分的人支持保護。

台灣早年的農業社會也有「雞婆」文化，違規犯錯的人，會受到農村部落社群的壓力，但多年的戒嚴加上工業化、個人主義的興起，「雞婆」文化幾乎已不復存在。要站出來指出團體中的違規犯錯者，必須有過人的勇氣，常常不只吃力不討好，還惹禍上身。因此，在大多數人不願意（或不敢）站出來擔任吹哨者警戒犯罪的文化中，想要彰顯正義，更需要對於吹哨者有充足的保護制度。

法務部於二〇一八年提出《揭弊保護法》草案，二〇一九年立法院司法法制委員會審查通過，但是對於是否溯及既往的「戴立紳條款」，仍有爭議，而未完成三讀。

筆者認為這些為公義挺身而出卻遭受迫害的公務員，溯及既往讓他們恢復公職，是合適的也符合法律原則。期盼立法院各政黨通力合作，儘速完成立法，建立保護吹哨者的制度與文化，讓吹哨者勇於為公義揭弊，不再擔心、恐懼。

推薦序
RECOMMENDED

還要等多久？

前立法委員、執業律師、
台灣公益揭弊暨吹哨者保護協會理事長　**黃國昌**

「國際透明組織」（International Transparency）於今年六月二十三日的「世界吹哨日」（World Whistleblowing Day）宣示：「在二〇二〇年的今天，沒有任何藉口可以再讓吹哨者未受到保護」（"In 2020, there can be no excuse for leaving whistleblowers unprotected."）。

的確，過去三十多年間，建立完整的吹哨者保護法制，已成為國際社會奉行的重要價值，也反映在許多國家的立法行動之上。美國於一九八九年制定《吹哨者保護法》（Whistleblower Protection Act）、英國於一九九八年制定《公益揭發法》（Public Interest Disclosure Act）、紐西蘭於兩千年制定《揭發保護法》（Protected Disclosures Act），以及日本於二〇〇四年制定《公益通報者保護法》等立法行動，都是典型的例子。

在國際社會風行草偃的吹哨者保護立法行動，反映出世界各國對於吹哨者在反貪揭弊、實現公義，以及在勞工保護、食品安全、環境保護等各個不同領域所發揮關鍵功能的明確肯認。也正是因為如此，不僅二〇〇三年《聯合國反腐敗公約》（United Nations Convention against Corruption）特別於第三十三條要求締約國必須建立揭弊者保護之法制，「經濟合作暨發展組織」（OECD）在強調「吹哨者保護乃是守護公共利益的最後一道防線」（Whistleblower protection is the ultimate line of defence for safeguarding the public interest.）之際，亦於過去二十年間，不斷要求會員國強化公、私部門吹哨者保護的法律整備與政策執行，鼓勵更多的吹哨者站出來揭發貪汙舞弊。

令人遺憾的是，相對於國際社會所展現保護吹哨者的積極行動，我國對於吹哨者的保護，不論是在法制的建立上，抑或是在具體的實踐上，卻處於十分落後的狀態。

以吹哨者保護法的立法而言，在第九屆國會四年的會期（二〇一六—二〇二〇）中，儘管台灣公民社會持續發出吹哨者保護法應盡速完成立法的呼聲，亦有不同黨派的委員紛紛自二〇一七年即提出不同版本的草案，積極地推動修法。然而，行政部門卻抱持相對消極的態度，面對立法委員就此議題的質詢，總是以各種理由搪塞，一直延宕到二〇一九年五月第九屆國會倒數第二個會期即將結束之際，才將行政院版的《公益揭弊者保護法草案》送交立法院。

行政院對於制定吹哨者保護法的消極態度與推遲作為，似乎透露執政黨政府對此法案的立場、也預告了完成立法的前景並不樂觀。果不其然，儘管立法院「司法及法制委員會」針對不同的吹哨者保護法草案版本，完成了委員會審查，也完備了踐行黨團協商的立法程序，已就絕大多數的條文取得共識，惟在未能得到執政黨黨團支持的情形下，最終仍未排入立法院院會議程，導致整個法案胎死腹中、前功盡棄！

於此同時，站出來勇敢揭弊的吹哨者所面臨的整肅與追殺，卻從未停止。揭發公部門貪瀆弊案的基層公務員遭到免職，檢舉財團老闆背信、金控違法放貸的專業經理人，遭到解僱、調職、職場霸凌、甚至濫訴追殺。面對掌權者在不法弊案遭到揭穿後，所採取各種「秋後算帳、殺雞儆猴」的整肅，為了公共利益挺身而出的吹哨者，竟然連最基本的法律保障都不可得，即使向主管機關提出申訴，收到的卻只是口惠不實的敷衍回應。整體環境所散發的氛圍，已經淪落到「不是解決問題、而是解決提出問題的人」的可悲層次。

在如此的法制環境之下，社會如何還能期待有人願意揭發在組織結構中所隱藏的不法弊端？一位報導過許多金融弊案的資深調查記者，曾經感嘆地對我說：「目前的法制環境，讓金融人長不了骨頭；不能總是要金融人當烈士，哪有那麼多烈士！」

她直言：「欠缺完善的吹哨者保護法制，台灣金融家族的弊案將永無止盡！」誠哉斯言，其實，又豈只是金融弊案，在其他領域的不同脈絡下，存在相同的結構性問題。

所幸，在台灣公民社會中，還是存在著一股力量，為將台灣打造成一個廉能透明、保護揭弊的社會而持續努力。光芒姐所出版的《吹哨人》，就是一個強而有力的印證。這本《吹哨人》報導了十一則令人動容的故事，每個故事背後，都值得社會為他們喝采。正是因為在如此不友善的法制環境下，這些令人敬佩的吹哨者依然願意為了公益挺身而出，才能讓更多的民眾免於受害，也才能讓台灣在實現公義的道路上，不斷前進。

由衷地希望這本書的問世，除了能讓讀者在每一則令人動容的故事背後，深刻體會到建立吹哨者保護法制的重要性與迫切性，也能進一步為吹哨者保護法的立法，帶來更大的前進動能。畢竟，如果廣大的公民保持沉默，掌握權勢者就更不可能積極建立保護吹哨者的法制。

在二〇二〇年的今天，以民主法治自豪的台灣，實在沒有任何理由，再繼續讓促進公益的吹哨者暴露在欠缺法律保障的風險與危害了。所有的立法委員都必須嚴肅地回答台灣社會：吹哨者保護法，還要等多久？《吹哨人》這本書，來的正是時候！

推薦序
RECOMMENDED

面對正義之聲

交大科法所教授、金融消費評議中心董事長、
我國吹哨者保護法草案起草人　林志潔

二〇〇七年十二月，力霸集團前董事長王又曾掏空公司、潛逃美國，該案在二〇一三年一月審宣判時，引發國內外的高度關注。

由於掏空詐貸金額高達七百三十一億，導致「中華商業銀行」發生擠兌、遭到接管，案件還創下多項的司法紀錄，例如：檢方調查時動員四千三百人次，傳訊人數高達一千多人，撰寫出近千頁的起訴書，檢方求刑最高。此外，動員偵查人力四千二百九十二人次、傳訊約談關係人一一〇五人、起訴一〇七人、起訴書九四〇頁、一審判決書四〇五二頁、二審判決書三六三〇頁、單一案件遭境管名單九十三人等等。一審

判決的法官忍不住在判決書內感嘆：如此一個大規模、長時期、組織性的犯罪，導致銀行擠兌、投資人血本無歸、國庫損失、司法和社會付出巨大的成本，為何竟無任何一個員工或經理人，願意挺身而出檢舉或吹哨，使犯罪能早期被發現和防制？

力霸弊案，也是我從二〇一三年開始進行《公益揭弊者保護法》研究的開端。七年來，從零到有，協助草擬法案。雖然我國在食安、金融等特別法中，都已經加入了些許吹哨者保護的條款，但作為最根本的大法——《公益揭弊者保護法》，很遺憾在立法院總差臨門一腳，始終尚未通過，上開少數特別規定所提供給吹哨者的保護，遠遠不足。

二〇一七年我擔任「APEC工作坊」的主講人，談的就是《公益揭弊者保護法》，我說台灣要推動此法有兩大包袱，一是要重建過往在威權時代，秘密證人與國家遂行威權統治，對吹哨者烙印的負面印象。二是華人社會常弄錯忠實義務的對象，認為吹哨是一種對老闆的背叛，需要逐步導正。

在《公益揭弊者保護法》中，首要強調是吹哨行為對預防重大公益被傷害的重要，次要表彰吹哨者對公益保護的貢獻。不論在國家安全、醫療、交通、金融、貪腐防制、職場安全、環境汙染等各方面，很多犯罪一旦發生，回復原狀不能，預防遠遠勝於究責。而大家也無須煩惱對於吹哨者的保護，會引發黑函盛行，因為吹哨需要有一定的要件和合理的依據。

吹哨者的「三保」，也就是身分的保密、工作的保障、人身安全的保護，是整部法典的核心，而對於組織的內部人吹哨，禁止企業報復吹哨者，若有打壓吹哨行為，企業應重重受罰，這是確保吹哨制度能運行的重要關鍵。

在立法院本會期又將審議《公益揭弊者保護法》草案之際，光芹姐這本書正當其時，不但有各種國內外的吹哨案例，更充分凸顯在組織犯罪愈發細膩、各種專業分工更精緻、更跨領域、更國際化的時候，為何我們需要有正義感的吹哨者，來幫助全民在早期發現不法、打擊犯罪。

與光芹姐因為節目訪談而相識，其文采與俠女風範令人尊敬、欣賞。感謝她為吹哨者發聲，尤其在台灣欠缺組織體充分究責的法制下，未來如何落實企業的法令遵循，並充分發揮吹哨者制度的功能，是當代組織體治理不能迴避的任務。

身為我國《公益揭弊者保護法》草案的起草者之一，但願我國的吹哨者法制能盡速完備，還給過去的吹哨者應有的公道，保護未來每一位願意為公益挺身而出的吹哨者。

推薦序

RECOMMENDED

一個吹哨者的告白

獨立記者、名嘴、作家　**姚惠珍**

「我唯一的要求是，要讓美國大眾知道此事。謝謝你，小心至上！第四公民。」是這一封郵件，揭發美國史上最大一宗違法濫權醜聞——美國國家安全局自二〇〇七年開始，以「國家安全」之名，對海內、外所有美國公民，進行秘密網路監控，透過數位裝置，竊取美國公民的郵件、通話、視訊、影片等個人資料，美國公民宛如活在政府建構的數位鐵幕中，長達六年毫無所悉。直到美國國家安全局工程師愛德華．史諾登，以匿名「第四公民」寄出這封郵件，才讓美國國安局的「稜鏡計劃」（PRISM）曝光。

二〇一三年六月，史諾登飛到香港，把國安局「稜鏡計劃」秘密文件，交付給英國《衛報》和美國《華盛頓郵報》，唯一的要求就是：「要讓美國大眾知道此事。」史諾登挺身而出，選擇當一名吹哨者，揭露美國國安全局違法濫權侵害隱私、踐踏人權的真相，只為捍衛美國《憲法》所保障的基本人權與自由。然而，站在政府的對立面，史諾登被美國政府控訴為「間諜」、「叛國賊」，發布全球通緝令，一心想逮捕他歸案。回家的路對史諾登來說，顯得愈來愈遙遠。

七個寒暑過去，史諾登犧牲一切，包括：年薪二十萬美元的工作、舒適的美國中產階級生活、再也見不到家人、朋友等等，曾有人問他後不後悔？他說：「我唯一後悔的事，就是沒有早點站出來！」

俄羅斯在二〇二〇年十月授予他永久居留權，如果他願意，可以聲請成為俄羅斯公民；但史諾登的律師說，史諾登目前尚無此規劃。或許，他還在等美國政府為他敞開回家之路；也或許，他之所以「叛國」，正因為他太愛國了。

「要讓大眾都知道！」是每位吹哨者挺身而出的關鍵，也因此，吹哨者的背後總有新聞記者的協助；甚至有的新聞工作者本身就是吹哨者。他們不畏官司纏身、不怕生命威脅，為的就是揭發真相。

以二〇一八年為例，全世界總共有九十四名記者喪命，為數最多的國家是阿富汗、其次是墨西哥。最令全球矚目的，當屬沙烏地阿拉伯的記者哈紹吉從人間蒸發。哈紹吉因為揭發沙國皇室醜聞而流亡土耳其，沒想到二〇一八年十月二日，在他踏入沙國駐伊斯坦堡領事館之後，就再也沒有出來。外傳，沙國王儲穆罕默德沙爾曼親自下令，除掉他的眼中釘，哈紹吉的遺體，可能已經被沙國特勤人員支解、毀屍滅跡。

在台灣，記者揭弊同樣面臨威脅或利誘。如同光芹姐在去年總統大選期間面對數百萬韓粉的壓力，甚至家人生命安全受到威脅，仍然態度堅決臧否高雄市長韓國瑜，質疑他代表國民黨參選總統的正當性；甚至出版《你還不知道的韓國瑜》一書，揭露韓國瑜不為人知的一面。光芹姐所思慮的是，總統人選若「德不配位」，國家必有災殃。

曾經，我也是一名吹哨者。

二〇一六年，我辭去「風傳媒」調查記者的工作，專心創作第二本書，無意間發現宏達電創辦人王雪紅所成立的公益信託「主愛社會福利基金」，雖然坐擁六十多億資產，但從二〇〇九年成立、到二〇一四年為止，總計六年間，竟然只投入八十萬元做公益，慈善支出僅佔總信託資產的萬分之一．二而已，徒具公益之名，細究其成立信託的目的，主要在節稅。

經過兩個月的追查，我寫成「王雪紅假公益真投資」的調查報導，揭露《信託法》通過二十年來，國內財團利用法規疏漏，以成立公益信託來避稅，鮮少有人真正投入公益。我以獨立記者的身分，與《新新聞》合作，刊登在二〇一六年四月《新新聞》的封面故事上，並以此報導、報名該年度的「卓越新聞獎」與「吳舜文新聞獎」，有幸雙雙入圍專題報導獎，未料，就在我才初獲新聞獎肯定時，訴訟也隨之而至。

二〇一六年十月，兩大新聞獎公布入圍名單，宏達電創辦人王雪紅的身邊人，即開始「積極運作」。他們先請有力人士打電話給「卓越新聞獎基金會」，以「該篇報導不是事實」為由，提出不可以讓姚惠珍得獎的要求，「否則將令新聞圈蒙羞！」甚至對方要求，進一步與評審委員「面對面」溝通。據說，「卓越新聞獎基金會」擋下「面對面溝通」的要求，但是否曾經將不同意見「口頭轉告」給陪審委員們，則不得而知。要知道，國內各大財團、金控公司，本來就是「卓越新聞獎基金會」主要募款對象，基金會當時承受的壓力，可想而知。

之後，又有相關人士致電給某報主跑宏達電的記者，透露打算對我提告的訊息，還強調：「而且在得獎名單公布之前，一定提告！」相關人士甚且洋洋得意跟記者述說施壓「卓越新聞獎基金會」的完整始末，該記者不僅不為所動，還「詳實報導」王雪紅一方介入施壓新聞獎基金會的過程，將關說黑幕公諸於世。施壓者事前可能不知道，撰文記者跟我是多年好友。

我的調查報導在四月見報，王雪紅並未在第一時間澄清或提告，卻選擇在我入圍後、得獎名單公布前提告，目的顯然是為影響評審觀感。此招果然奏效，最後我果然跟卓越新聞獎擦肩而過。

根據新聞獎基金會後來公布的評議結果，確實有評審認為，我的這套調查報導，「針對性」過強。難道評委的意思是：為什麼我只踢爆王雪紅、沒有踢爆其他人？評審不知道的是：「我非不為也，實不能爾！」當時所有金融機構，除了台灣銀行在網站上公告每一年的公益信託財產資料外，其他銀行皆未對外公告，而這正是因《信託法》法規有所疏漏所導致。

到了年底，輪到「吳舜文新聞獎」得獎名單即將揭曉。眾所周知，這個獎項是裕隆集團董事長嚴凱泰，為了紀念母親吳舜文女士，捐贈數億元所成立的新聞獎基金會，而嚴凱泰與王雪紅在事業上有合作關係，甚至打算共同開發新店的土地。因此，我自知得獎機會渺茫，姑且抱持輕鬆態度，出席頒獎典禮。

正當我與同業閒話家常時，一名多次入圍新聞獎的同業說：「奇怪，今年的主持人怎麼不是TVBS的主播莊開文？」對於首次入圍者來說，我實難感受同業口中的「奇怪」，究竟代表什麼意思？但是，以下這件事，連我都感覺奇怪——怎麼連裕隆集團董事長嚴凱泰都缺席以母親為名的頒獎典禮？況且，這個新聞獎能撐過三十年，實在不容易，他怎麼會在這種時刻缺席？

典禮開始，第一個獎項頒發的是電視新聞類，TVBS也入圍其中，當主持人宣布得獎的是TVBS時，全場都在找TVBS的代表。當主持人打圓場說：「TVBS今天因故，沒有人到場，事後再補領。」坐在我旁邊的同業跟我說：「姚惠珍，你要得獎了！」我問他：「何以見得？」他也認為：嚴凱泰沒有到場、主持人不是莊開文、TVBS入圍多項大獎卻沒有到場，「就是因為知道你得獎了，所以才都避開。否則，由嚴凱泰頒獎給你，不是很尷尬？」

果然，跌破外界眼鏡，我真的得到第三十屆「吳舜文新聞獎」的專題報導獎。還記得當天我上台領獎時的激動，語帶哽咽、眼眶泛紅，感謝評審對我的肯定、感謝《新新聞》的一路支持——願意幫我負擔未來的訴訟費用、感謝成千上萬的讀者透過臉書支持我。因為這次的報導，我也領悟到自己的渺小，以及財團的神通廣大。當小蝦米對抗大鯨魚，必須背負何等的壓力！

事後我才知道，原來王雪紅一方也曾「窮盡一切力量」，關說「吳舜文新聞獎基金會」。因此，對於評委們，能不畏壓力、堅持立場，我感到十分敬佩。

根據一位知情人士透露，一開始評議就出現四比一的局面，在沒有其他意見下，很快就確定由我得到專題報導獎。沒想到，對方突然異議，要求與評委們「面對面」溝通；評審委員們詢問基金會：「溝通後，是否會干預評審結果？」當得到基金會一句：「尊重評審決定！」的承諾，評審委員會決定接受王雪紅的代表到場說明，並決定再投一次票。這一回，五名評審當中，有三位支持我、另兩位選擇支持別的入圍者，我僅以一票之差險勝。

據說，後來對方依然不放棄持續溝通，希望評委們再給予多幾次表決，但三位評審堅持我該得獎的態度始終如一，最終王雪紅一方只好放棄，最後才會以「TVBS全體缺席」的方式，來表達對我得獎的抗議。

對於裕隆董事長嚴凱泰先生，在「避免尷尬」的情況下缺席，造成他因此缺席第三十屆吳舜文新聞獎的頒獎典禮，至今我仍然感到很抱歉。

多年後，我從一位評審口中證實，當初的確有「因為關說而被迫重新表決」一事，甚至有評審不滿王雪紅一方赤裸裸地施壓，氣得向《壹週刊》爆料，只不過《壹週刊》並未處理。

得到了吳舜文新聞獎，我享受了一天的掌聲，換來的是一年多的訴訟。我報導的是公益信託「主愛社福基金」沒有做公益，告我的卻是王雪紅成立的另一個財團法人基金會「中華信望愛基金會」，連法官都搞不清楚，為什麼一個不相干的財團法人基金會跳出來告，還要求我在各大媒體頭版公開道歉？

這場官司從地院到高院，原告皆敗訴，我連贏了兩場官司。王雪紅「假公益、真投資」，獲得了法院的認證。從二〇一六年四月出刊，到我贏得高院訴訟，整整兩年過去，財團採取種種施壓、訴訟的目的，就是要我閉嘴。他們不知道的是，這些舉措，僅會更強化我推動公益信託修法的意念。

為了推動修法，我主動與立委王榮璋聯繫，說明目前信託法規疏漏導致弊端叢生，公益信託淪為財團避稅的工具。王榮璋委員遂於二〇一七年四月召開公聽會，要求各金融機構必須公開揭示三年公益信託財報，「潘朵拉的盒子」終於打開。自此之後，我每一年就完成一套財團「假公益、真避稅」的公益信託調查報導。

二〇一八年，我與《財訊》合作完成的「戳破台灣地王接班人公益神話」調查報導，揭發台灣地王、宏泰集團創辦人林堉璘所成立的公益信託，同樣以公益之名、行投資之實，讓我終於獲得第十七屆「卓越新聞獎」的調查報導獎。

「為了讓大眾都知道」，使我成了被告，卻也因禍得福，獲得新聞獎的肯定。這一路走來，如果沒有學者願意挺身而出，力陳《信託法》的疏漏；如果沒有讀者持續關切、並且分享系列報導；如果沒有評審委員不畏關說壓力給我肯定；如果沒有新聞獎的加持、護身，讓我能從訴訟中全身而退。如果沒有這些幕後支持者的力量，我不過是一名無力對抗大財團的小蝦米、一名孤立無援的吹哨者罷了。

一名吹哨者的出現，可以改變全世界。唯有儘速推動「吹哨者保護法」，讓社會成為吹哨者背後的支撐力量，才能鼓勵更多的吹哨者站出來。這股「讓大眾都知道」的驅動力，才能讓台灣邁向更美好的未來。

推薦序
RECOMMENDED

照亮黑暗的角落

台北市議員　苗博雅

公部門貪腐、徇私的陋習，始終是小老百姓不分黨派共同痛恨的現象。民主之路三十餘年走來，台灣有許多令人驕傲的民主成就；但各級政府部門的貪腐弊端，仍是野火燒不盡、春風吹又生，令人痛心。

我就任議員後，非常關切反貪腐議題，也處理過幾件來自公部門內部的投訴案件。我發現，公部門常有「敢怒不敢言」的現象。上級長官掌握考績、調動等生殺大權，基層承辦人即使明知有弊，卻不敢反抗。若承辦人礙於上級壓力，寫了公文、蓋了章，等於讓自己成為「共犯」。萬一事跡敗露，不僅主事長官有責，自己也連帶出事，只好反過來共同維護共犯結構。這樣的文化與環境，讓許多見不得光之事在暗處發生。

距離弊端愈近者，愈能洞燭機先發現弊端；參與弊端實施者，更比外人了解其中的「眉角」。主動查緝有如大海撈針，鼓勵吹哨檢舉，正是有效打擊貪腐最重要的關鍵。《聯合國反貪腐公約》即明定：反貪腐政策應促進社會參與，並體現法治、廉正、透明度等原則，對出於善意及具合理事證之檢舉人，提供保護之適當措施，避免遭受不公正待遇。

正因如此，先進法治國家皆有特定制度，保護揭發弊端的民眾，甚至進一步制定「窩裡反條款」，鼓勵曾參與弊端者勇於出面指證。例如美國的《內部揭弊者保護法》、日本的《公益通報者保護法》、英國的《公益通報法》、澳洲的《不正行為通報者保護法》、紐西蘭的《通報者保護法》及韓國的《腐敗防止法》等，都是基於鼓勵檢舉、保護吹哨者的宗旨而制定的特別法。

相較於上列國家，台灣的揭弊者保護法制建設可謂相當落後。由於欠缺法律制度保障，「秋後算賬」和「自身難保」兩大難題，是揭弊者不可承受之重。弊案通常具隱蔽性，只有少數人熟知內情。即使辦案人員徹底落實現行法的匿名保護，吹哨者的身份還是相當容易被認出。更何況大多數的案件，吹哨者無法受到匿名保護。再者，曾迫於壓力加入共同實施弊端，或中途良心發現者，在考慮揭弊時，皆會擔心事後必須因此接受懲處，在考量自身必須付出的代價後，反而不願揭弊，繼續維護過往的共犯結構。

我相信，減輕揭弊者的壓力，能讓更多陽光照進黑暗的角落。在本文寫成時，台灣版《公益揭弊者保護法》，仍有待立法院審議。然而，人民對廉潔政治的期待，並不會因為要等待冗長的立法程序而稍歇。因此，我在地方自治的範疇內，大力推動台北市以行政命令落實一部分的揭弊者保護機制。現行的《台北市政府揭弊者保護作業原則》即是我參考行政院版《揭弊者保護法》，及立院各黨派委員提案後，和台北市政風處共同討論、協商修正之版本。

雖然礙於地方政府權能有限，僅能於台北市政府人事權、考核權之內對揭弊者作出局部保護。但至少對「秋後算賬」和「自身難保」兩大揭弊障礙，設下基本的府內人事考評保障。

雖然《台北市政府揭弊者保護作業原則》僅是地方政府的行政規則，但千里之行，始於足下。深切期待這一小步，可以催化台灣的揭弊者保護法制建設快步前行。催生《公益揭弊者保護法》，需要社會更多的討論與關注，以督促立法委員行動。

本書作者黃光芹於台灣解嚴初期進入新聞界，記錄台灣民主政治發展報導、撰述不可勝數。本書所記述的吹哨者故事，皆是重大指標案件。讀者可在字裡行間，體會揭弊者所承受的心理壓力，以及制度缺陷造成的崎嶇難行。相信讀者閱畢本書後，必有更多動力關切《公益揭弊者保護法》在立法院的進度。

讓陽光照進黑暗的角落，是我們共同的心願。

導讀

就是要站在浪頭幹一場！

二〇一六年晚上七點四十五分，當「巴拿馬文件」在《南德日報》官網全面公開之前，流亡莫斯科的愛德華．史諾登（Edward Snowden）突然現身，一起參與「資料新聞史」上最大的一場解密行動；沒多久，《維基解密（Wikileaks）》也在推特上共襄盛舉。一時之間如同交響樂大奏，氣勢之磅礴，足以驚天地、泣鬼神。

真正的樂隊指揮是化名「無名氏（John Doe）」的吹哨人，根據他所提供來自「莫薩克馮賽卡律師事務所」的內部訊息；以及全球八十幾個國家、四百多名記者（國際調查記者聯盟，ICIJ）、一年多的調查採訪，總計解構一千一百五十萬份機密文件，迫使藏錢海外的各國政要、軍頭、首富、財團、名人、毒梟、黑手黨、特務無所遁形，太陽照進隱匿在境外「信箱公司」的金額，達數十億美元之多。

爆料過程，無名氏的內心其實相當恐懼，他知道稍有不慎，就見不到明天的太陽。然而，憑著一股「想要逮住罪犯」的心理，他最後成功寫下歷史。

美國陸軍情報分析員布萊德利．曼寧（Bradley Mannig）供給《維基解密》超過七十萬筆資料，揭發美軍在阿富汗和伊拉克濫殺平民、在「關塔那摩美軍監獄」虐囚，並將二十六萬份美國外交電文曝光之後，付出的代價是——被關押在美國維吉尼亞州寬帝柯（Quantico）監獄長達七年；獲減刑出獄後，又因為保護《維基解密》，兩度拒絕出庭作證，再度回籠，在二〇二〇年三月企圖輕生，後被無罪開釋，才終於重獲新生。

美國前國安局雇員史諾登踢爆美國濫權監聽案，人生起了翻天覆地的改變。那一年，他二十九歲，毅然決然放棄高薪、房產，揮別家人與女友，開始過著逃亡的生活，他付出的代價是一輩子。同樣是信念，支撐他義無反顧。他告訴《華盛頓郵報》的記者：「衡量一個人，不是聽他說什麼、而是看他做什麼？所謂『信念』，如果只說不做，就不是真的！」他不指望社會因他而改變，只想要給社會大眾一個自行決定是否改變的機會。（史諾登實錄，《今周刊》）

曼寧區隔吹哨人與間諜最大的差別在於：間諜不會把手上的東西交出來，而他如果是壞人，或許會把文件賣給俄國或中國人，但是他沒有，因為所有資料屬於公眾。

曼寧走上不歸路時，只有二十二歲，在他之前不乏先驅，丹尼爾．艾斯伯（Daniel Ellsberg）就是其中之一。他在二〇一〇年十月二十三日出席《維基解密》的倫敦記者會，當再從時光隧道裡走出來，已是白髮蒼蒼、戴著助聽器的八十歲老人。一九七一年他任職於蘭德公司時，將四十七冊、七千頁、近二百五十萬字的「越戰報告書（又名「五角大廈文件」）」影印給《紐約時報》和《華盛頓郵報》等十九家媒體刊登，就此戳破甘迺迪、詹森總統介入越戰的正當性。當他聆聽完有關「伊拉克戰爭文件」的報告後，忍不住起身向曼寧致敬，同時盛讚《維基解密》是揭露真相的未來之星。祖孫兩代吹哨人聚首，象徵著刺耳的哨音將一路響下去。

艾斯伯揭發越戰真相，令美國政府受挫，時任總統的尼克森為了危機處理，下令白宮成立的「水管小組」，偷取艾斯伯的精神病歷、竊聽他的電話、還一度打算找人把他做掉。

尼克森後來栽在吹哨人的手中，「水門案」終結他的總統生涯，直到三十三年後，前聯邦調查局副局長馬克．費特（Mark Felt）才承認，他就是《華盛頓郵報》的「深喉嚨」。

吹哨人的故事，往往被拍成好萊塢電影。《絲克伍事件》（*Silkwood*）。記錄美國奧克拉荷馬州新月鎮核能燃料棒「科爾—麥吉公司」的女工卡琳・絲克伍（Karen Silkwood），在工會擔任執委期間，調查發現工廠回收含有大量放射性鈽同位素的廢水和鈾燃料棒，進行提煉精化後，製成MOX燃料。為了應付訂單需求，公司更竄改「射線探傷（利用射線穿透進行檢測）」結果，使存在嚴重問題的鈽燃料，流向市場。

一九七四年她向美國原能會（AEC）檢舉，但聽證會後公司並未遭到裁罰，她反而被調離職務。同年十一月，她發現自己身上帶有超過四百倍劑量的鈽含量，經過追蹤調查，懷疑公司可能對她投毒，凶器就是十一月五日她從公司帶回公寓採集尿液和糞便的採樣用具。她帶著兩大袋資料，與《紐約時報》記者會合途中，意外車禍身亡。

二〇一九年上映的《瞞天機密》（*Official Secrets*），係根據英國情報機構「政府通訊總部（GCHQ）」翻譯凱薩琳・甘恩（Katharine Gun）的真實故事改編。為了阻止伊拉克戰爭爆發，她向《觀察家報》透露「聯合國安理會」決議支持美軍攻打伊拉克，因此被扣上違反《官方機密法》，進而遭到逮捕。英國政府為了平息百萬人上街抗議，政府未經授權非法出兵，免除她的罪刑。

「吹哨人」一詞最早的來源，是在一八八三年。當時美國威斯康辛州一座小鎮發生騷亂，警察吹響哨子，向居民示警。事後，當地的報紙稱這名警察為吹哨人。

吹哨人前仆後繼挺身而出，代表「平民力量」得以展現，給人一種「原來小人物從來都不是旁觀者」的感覺；就像洩密網站維基解密的董事與發言人阿桑傑（Julian Paul Assange）所說：「來！製造一些小麻煩吧！」

台灣幾位指標性的吹哨者，在發動「平民戰役」後，都為自己惹來大麻煩。其中在二〇一三年揭發郭烈成餿水油廠的屏東老農，差一點為自己惹來殺身之禍。警方在保護老農期間，在一輛可疑轎車中搜出槍械，遏阻了一場可能的綁架案，老農因此迅速搬離屏東，從此成為落入都市的異鄉人。

外界關心老農到底拿多少獎金？依照衛福部《檢舉違反食品衛生案件獎勵辦法》，檢舉人至少可以領取罰鍰實收金額的兩成；也就是說，郭烈成罰鍰四千百萬元，老農至少應領取九百六十萬元，但因為郭烈成脫產，所以他一毛錢都沒領到；只領到行政院和屏東縣政府頒給他的兩百萬與四十萬元「獎勵金」，還不如檢舉「力勤農產公司」

販售過期肉品的陳姓員工來得高。他獲得前台中市長林佳龍頒發的三百五十萬元「吹哨者獎金」；另一位檢舉「雄動公司」竄改標籤效期的內部員工，則是大豐收，總共領取食安和吹哨者獎金，共計五百六十萬元。

潤泰集團總裁尹衍樑在二〇一四年向廉政署具名檢舉前營建署長葉世文涉嫌貪瀆，事後接受《今周刊》專訪，大方承認：「沒錯，就是我幹的！」一點都不擔心，有人敢動他一根汗毛。

同是天涯吹哨人，戴立紳的下場就與尹衍樑截然不同。他在新竹縣家畜疾病防治所擔任技士五年多，政風室突然找他偕同辦案，辦著、辦著，他驚覺自己站在懸崖邊。「這就是貪汙！」政風科長斬釘截鐵說，嚇得他說不出話來。回家後，他與太太商量：要不要跳懸崖，最後他決定跳了！

他先就手上正在辦理的一宗採購案進行蒐證，並聽信政風科長的建議出面自首，協助檢方偵破「家畜所」行之有年的集體貪瀆案。

可是接下來，他的厄運一樁接著一樁。在案件尚在司法偵辦期間，他遭到嚴重的職場霸凌——跟監、偷拍、道士作法，噴符水、灑香灰和電話恐嚇。最糟的狀況是，被新竹縣政府推落懸崖，免職永不任用，如同判了職場死刑。

他原本寄望行政救濟能夠還他公道，但最後卻換來絕望。眼見貪汙犯繼續升官，而他被打入十八層地獄，他簡直痛不欲生。

幾乎所有吹哨者，事後都遭到秋後算帳。如果沒有強健的心理素質支撐，是很難熬過漫漫長夜。

鐵工之子徐國堯從小就好打抱不平。二專畢業後，通過警察人員特考，當上消防員。他原本熱情滿滿，但做著、做著，對於消防員長期處於高工時、人力不足、裝備不齊、赴災難現場必須銜命搶救感到憂心。他先在內部上書申訴，考績立刻被打丙等，還被調往離家有五十公里車程的高雄山區杉林分隊。他不願意妥協，走上街頭，又迎來一連串更激烈的整肅——短短兩個月被懲處十次、記申誡四十二支，最後遭到免職，還有十幾個官司跟著他。

台鐵技術助理黃德輝從小就不是「乖乖牌」，從國中開始閱讀黨外雜誌；當兵時台灣尚未解嚴，他悍然拒絕加入國民黨。退伍後，大學時期，舉凡野百合學運、總統直選、廢除《刑法》一百條、反核、年金改革等街頭運動，他無役不與。四十五歲那年，他考進台鐵，首開罷工先例，記過、被告，令他愈挫愈勇，「反正我早就黑了、不怕！」

永豐金吹哨人張晉源是桃園的眷村子弟，骨子裡有一股「雖千萬人吾往矣」的硬氣。當他發現何家人對利害關係人違法放貸，想都沒想，就派員向金管會通報，就此引爆與永豐金之間的一場大戰。

丟出「東廠事件」爆炸錄音檔的前促轉會副研究員吳佩蓉，從小在「美麗島事件」發源地長大，父親是施明德、黃信介演講場上的常客；從小家裡訂閱《民眾日報》，小時候他看到黑名單被遞解出境、「萬年國會」提尿袋的場景，都比同年齡小孩有多一層省思。

把立法院秘書長林錫山扳倒的田志文，是台中東勢的客家人，打死不退的「硬頸精神」，讓他到現在為止，都還在捍衛清廉價值。

康軒文教集團女主管被懷疑是檢舉董事長李萬吉在居家檢疫期間四處趴趴走的吹哨者，雖然她矢口否認，卻仍遭無預警解職。同仁在電梯口貼出兩張黑函——「公司待我們不薄，誰向媒體爆料出賣公司？」「出賣公司，還有臉進公司？若妳懂得做人的道理，請自重！」令她精神崩潰。

英國一九九八年訂定《公益通報法》，針對公、私部門建立完整吹哨者制度；日本的《公益通報者保護法》、新加坡的《證人保護法》，也對吹哨人提出保護、獎勵。德國是公認對吹哨人嚴重歧視的國家，從德文中連「吹哨人」三個字都付諸闕如，即可見一斑。相反地，他們用「出賣朋友的人」、「暗中破壞的人」或「玷汙門楣的人」，來醜化吹哨者。

美國一九八九年制定《吹哨者保護法》（Whistleblower Protection Act，WPA），堪稱是對吹哨人保護最為周全的國家；然而，當揭發「烏克蘭門」的吹哨者，和幾位出面作證的官員，在二〇一九年底榮膺《時代》雜誌「年度守護者」殊榮時，回顧幾個月來遭網路霸凌、被川普怒斥為「叛徒」和「人渣」，動不動就恐嚇他們將處以極刑，忍不住激動落淚。

辦教育的李萬吉、需要轉型的「促轉會」，或許才該被定義為「暗中破壞」和「玷汙門楣」的人。吹哨人挺身而出，遭集體霸凌，是社會集體的悲哀。

吹哨者與告密者不同，前者具有公義精神。根據「全球舞弊調查者協會」統計，舞弊案之所以浮出檯面，超過四成是因為有人舉報，其中五成一來自內部員工。台灣應有更多的有志之士，作為組織體系中的防腐劑。

英國BBC曾經爆發主持人薩維爾（Jimmy Savile）利用高知名度，在一九五九到二〇〇六年、長達四十七年間，性侵七十二人的重大傷害事件，其中八人被強暴、一人強暴未遂，年齡最小的受害者，只有十歲。雖然幾十年間，持續有內部員工吹哨，但礙於BBC的「敬畏文化」，員工不敢吭聲，使得BBC管理階層，成為製造更多受害者的幫兇。

「窩裡反」，是揭弊成功與否的關鍵力量，除了本書介紹的幾位吹哨人之外，辜仲諒的前妹婿陳俊哲，以及在逃亡前丟出「國安密帳」的前國安局出納組長劉冠軍，也足以帶一筆。唯有「巷仔內」從內部吹哨，才能給腐敗的當權者致命一擊。

企業內部更需要道德良知作為防腐劑，揭發美國「安隆案」的副總裁夏倫．華金斯（Sherron Watkins）、讓何壽川戴上手銬的張晉源，都是代表人物。

二〇一八年十月二十一日下午四點五十分，台鐵普悠瑪列車翻覆，造成十八死、一百八十七傷。行政調查或「運輸安全委員會」的報告，均將肇事原因指向司機超速；

台鐵更以車輛老舊、人力結構失衡為由，推諉塞責、避重就輕。

十八位罹難者中，台東董家佔了八位。董家長女婿范銘浚原本在中國經商，因為不相信政府的調查，自己扮起福爾摩斯，誓言為家屬討公道。

他前後花了一年多時間，研讀報告、調閱公文、比對畫面、現場模擬；最重要的是，他獲得來自台鐵技術助理黃德輝從內部吹哨，連前副總工程師李景村也出面，提供專業見解，完全顛覆官方的說法。

范銘浚指出，第一，經他反覆計算，普悠瑪翻車曲線半徑並非行政調查揭示的三〇六公尺、而是四七〇公尺。第二，他懷疑「行車紀錄器」被動過手腳，因此翻車時速究竟多少，根本無法下定論。

再者，《民視》記者曾經訪問第五節和第八節車廂乘客（死傷發生在六、七節車廂），當事人均稱，在列車翻覆前，曾聽到一聲巨大的爆炸聲響。

軌道鋼筋插進第六節車體，形成U字形，非得有極大的力道，否則不足以為之。

因此范銘浚懷疑，原因是否為「空氣彈簧」爆掉、剎車系統自動啟動，才釀成悲劇？

普悠瑪的安全疑慮一天未除，人民就無生命保障。這正是波音系統工程師Curtis Ewbank一再吹哨的原因。

吹哨者就像啄木鳥、也像防腐劑，可以抓出害蟲、嚴懲弊端。

三重女藥師在口罩箱中，發現一包標示中國安徽省產製的口罩，立刻向食藥署吹哨，進而令政府加強查緝，揪出隱身在「口罩國家隊」中的壞份子。

台南里長李新進向檢、調單位檢舉學甲爐廢渣，藝人隋棠通報孩童遭受侵犯，都是平民力量的展現，證明小老百姓絕對不是旁觀者。

《良知危機：欺詐時代吹哨何為》一書的作者穆勒（Tom Mueller），花了七年時間、採訪兩百多人，勾勒出吹哨人的群像。我不敢與穆勒相比，但願透過此書的發行，喚醒躺在國會的《公益揭弊者保護法》，能夠完成立法。

推薦序

導讀

目錄 CONTENTS

搏命

屏東老農搜出餿水油

彰化縣是台灣的「油之鄉」，一九七九年四月曾經發生「多氯聯苯中毒事件」；三十四年後再度爆發「大統黑心油事件」，是一位吹哨人，打開「潘朵拉的盒子」。

這名檢舉人有一股「永不妥協」的蠻勁，一次檢舉不成，再檢舉一次。從二〇一二年十月打第一通電話給彰化縣衛生局，此後就一路緊盯，不時追問：「查到了沒有？」「真的有鬼！」連台北市政府衛生局都接過他的電話。

地方政府並未輕忽他的檢舉，只是檢驗報告只能呈現「脂肪酸組成」百分比；就算彰化縣衛生局第三度前往抽驗，對大統刻意調整脂肪酸數據起疑，並且根據經銷資料也高度懷疑有混油嫌疑，就是無法判定大統有攙偽或偽標的行為，查緝工作因此陷入瓶頸。

吹哨人鍥而不捨，於隔年八月寫信到衛福部長邱文達的信箱，終於引起中央的重視。彰化地檢署一個月後也展開偵查，終於使案情露出曙光。

檢方搜索大統公司，十分鐘就搜出關鍵證物。董事長高振利的抽屜中，有一份親筆寫的配方，分別以「橄」、「葵」、「芥」、「葡」等簡稱，記錄一百多種油品調配比例。「橄」是指橄欖油，雖然標示為「100%特級橄欖油」，但橄欖油成分不高，而是以沙拉油、葵花油、棉籽油、銅葉綠素等混攙而成。最普及的沙拉油，也有一、兩成的棉籽油。「大統香油」應該用白芝麻壓榨而成，卻以麻油和沙拉油代替；而且沙拉油的比重，竟然佔了八成。

只有棕櫚油是純油，其餘二十一種橄欖油都是調和油，混入葡萄籽油、葵花油、芥花油或棉籽油，橄欖油比重，連一成都不到。

橄欖油又分「特橄」和「橄」兩種，分裝在藍色和紅色的桶子中。藍桶「特橄」由少量原裝進口的冷壓橄欖油製成；紅桶「橄欖粕油」混進劣質的橄欖油渣，六年半下來，總計有二千六百多噸殘渣油，吃進消費者的肚子裡。

二十一種橄欖油，只佔大統所有油品的兩成，其他五十多種，諸如：橄欖油、葡萄籽油、葵花油、沙拉油、香油、胡麻油等，都明顯攙偽，花生油裡沒有花生、辣椒油裡沒有辣椒、紅花籽油裡沒有紅花籽，都是用沙拉油攙入調色劑和香精提味而成。

國營事業台糖遭受波及，其所販售七年的葡萄籽油，委由大統代工；國軍和部分國中生也是受害者，營養午餐都使用大統黑心油。

高振利因為平日對員工苛薄，導致離職員工爆料不斷。時任立委的魏明谷也接獲檢舉，指大統拿發霉的香菇殘根，和過期長達二十年的進口冷凍魚，製作沙茶醬原料，令人作噁。

離職員工還指控，大統除了自我販售之外，還一大桶、一大桶賣給頂新、福懋等知名油廠，風暴至此愈演愈烈。

彰化地檢署從大統的出貨資料中，發現頂新、福懋果然名列其中。高振利應訊時也供稱，福懋和屏東的「頂新製油」，的確是他的客戶。

警方查獲混油配方證明，為了降低成本，福懋不惜在四種橄欖油裡攙入芥花油，其他兩款「漢氏橄欖油」和「漢氏橄欖油」，以西班牙橄欖油、台灣橄欖油和芥花油三種混攙，比例為4：4：2。台灣橄欖油來源為大統和「中聯油脂」。若大統長基被證實，橄欖油只佔百分之四十二，福懋再往裡頭混攙一半的芥花油，意味「漢氏橄欖油」

只有百分之二十一的橄欖油，純度只有大統的一半，賣得卻比大統還貴。

「中聯油脂」由福懋、福壽、泰山和嘉新各持股四分之一，衛福部公布首波違法添加銅葉綠素的油廠，果然多出福壽、泰山兩家。

吹哨者威力無窮，扳倒一個又一個黑心油廠，讓大老闆們紛紛戴上手銬。高振利被判十二年，於二〇一五年入監服刑。原本風光無限的大統，一夕之間景物全非。鹿港、線西廠區一片荒蕪，廢棄物堆得到處都是；原本熙來攘往的醬油觀光工廠，因此停業；園區內花園、長城等造景，閒置在一旁；偌大的廠區，只有一名保全固守。

頂新慘遭滅頂，五千億食品帝國土崩瓦解。頂新全面退出油品市場，魏應充兩度入獄、姓魏的全數退出味全董事會、有線系統併購案告吹、101易手、台灣資產一一出清。這把大火甚至一度延燒對岸的「康師傅」。

三個案子令頂新聲名狼藉：一，「頂新製油」違法添加銅葉綠素；二、旗下「正義公司」以餿死豬油和飼料油冒充食用油販售；三、味全的肉醬、肉酥等加工製品，使用強冠的「全統香豬油」。

屏東老農守株待兔，一舉擒獲郭烈成地下油廠，進而引發「蝴蝶效應」，令全台黑心油廠一一現形。所有被告中，以強冠的董事長葉文祥判刑最重，被重判二十二年、罰金破億、不法所得八千多萬元被沒入、廠房關了，為食安史上最重的一次裁罰，即使葉文祥道歉下跪都沒用。

郭烈成被判得也不輕「二十年」，連運油司機都沒有逃過。

台中市警局第一分局偵查佐吳治明，在本案告一段落後，重述當初協助老農查獲地下油行的經過。

其實老農不老，只有六十歲；也並非文盲，認得一些字。他在二〇〇九年一月退休，與妻子回老家屏東竹田購地耕作。沒想到三個月後，郭烈成也來了，租地就在他旁邊。他用鐵皮搭蓋地下油行，起初只有一座油槽，後來增加為七、八座，每到半夜，不僅帶來惡臭，還製造惱人的噪音。

老農第一時間先與郭烈成溝通，沒想對方嗆聲：「不然你想怎樣！」附近一位七十歲老農，農地被嚴重汙染，稻子都枯死了，找郭烈成理論，要他賠償，不然將去檢舉，郭卻語帶恐嚇說：「我可是有牌的，你找黑道、白道來，我都不怕！」

老農在二〇一一到二〇一二年間，與兩位農民五度向屏東縣政府環保局檢舉，前三次，環保局以油行大門深鎖為由，打道回府；其中一次停留五分鐘，光憑目測就斷定：「水很乾淨，沒有問題！」等到第二次來，郭烈成弟弟謊稱味道是因為製造肥皂的關係，稽查人員竟也相信。

眼看五次檢舉都沒有下文，老農於是跨區尋求協助。他首先找上北部的分局，未被受理；於是請妹妹在二〇一三年十一月十一日，打電話給台中市第一分局的偵查佐吳治明。

吳治明與老農並不認識，但與他妹妹認識十一年。聽她在電話裡簡短說明後，他要求老農寄照片來，好讓他先行了解。沒想到，他一次寄來四百二十一張。「我從老農拍的照片中發現，被汙染的農地正上方有一個大涵管，水流過的一角，稻田都是土黃色；另外一邊則還保留綠油油的一片。」兩天後，他帶著筆記型電腦和隨身碟，南下與老農會面。

吳治明心想，如果抓到排放廢水，最多只能依《廢棄物清理法》罰個一到三千元；但如果查到排放廢油，情形就不一樣，因為《食品管理法》才在幾個月前修正，裁罰很重。前提是，他們必須先得取得證據才行。

老農平時幫人代養鴿子，住在鐵皮搭建的五層樓鴿舍。每到半夜，都會聽到油廠傳來的敲打聲，吵得他睡不著覺。

後來吳治明才了解，為何郭烈成必須不停敲打油桶？原因出在，廠內油桶很高、而且大小不一，沒有刻度可以參考，得靠不停敲打，來聽音辨位，估算過濾進度。

吳治明當場對老農做了兩份筆錄，一份是「匿名筆錄（簡稱A1筆錄）」，用代號取代老農真實姓名，加註「詳如對照表」；另一份則是「正常筆錄」，吳治明蓋上職名章後，當場彌封。

接下來，他向屏東地檢署「報指揮」，在取得「指揮書」後，就與老農前進現場。「鄉下地方突然出現陌生人，很容易打草驚蛇，所以我叫老農先走，隨後我步行七百公尺進去。我們先上鴿舍五樓，居高臨下、觀察地形。沒想到當天風很大，樓梯又沒有扶手，老農輕輕鬆鬆就爬上去了，而我被嚇得半死。鴿舍頂樓沒裝冷氣，到處可見鴿糞、飛毛，感覺又熱、又臭、還不時有蚊蟲叮咬；但令我印象最深刻的還是，郭烈成油行順著風傳來的陣陣惡臭。」吳治明回憶當時的情景。

他們從鴿舍眺望，看得見郭烈成把水龍頭轉開、把東西倒下去、最後有殘渣排出來；但光憑目測，只能判斷他行跡可疑，無法作為呈堂證據。於是他與老農商量，花了六萬元買了一台攝影機，進一步蒐證。

吳治明觀察地形，發現郭烈成地下油廠位於農地正上方，左、右兩邊各有一條六米寬的道路。為了拍到進出車輛的車牌號碼，他們把攝影機壓低，藏在路旁挖好的兩個洞裡。

老農先前拍攝農地汙染的照片，必須重拍，非得拍到廢油從涵洞中流出、流入灌溉溝渠、再汙染農田的畫面。

他們在鴿舍守了一天一夜，終於在第二天清晨五、六點，等到一台滿載藍色餿水油桶的貨車，駛入郭烈成的工廠。「車子經過，散發出濃濃的沼氣味，很臭，連在鴿舍五樓都聞得到。」

透過固定鏡頭拍攝，貨車進入廠房後，工作人員將桶子一一卸下，一桶一桶倒進儲油槽裡燒，等殘渣排出來後，再重複一次，就這麼一次、兩次、三次……，等將殘渣完全過濾掉，變成液體流出來，才算大功告成。

根據老農所提供的相片，油廠周邊環境十分髒亂，郭烈成還直接拿掃把在油桶裡翻攪。

從工廠開出的貨車，明顯與先前的不同，雖然也滿載油桶，但變成金屬色，已經經過完整包裝。

吳治明見蒐證差不多，會同屏東縣刑警大隊「民生組」開會，將案子移送屏東地檢署偵辦。

檢、警經過長達七、八個月蒐證得知，郭烈成為壓低成本，在全台各地收購回鍋油、餿水油、飼料油、過期魚油、甚至屍油、皮革油，主要由雲林北港溪堤防邊一家專煉屍油的地下工廠，以及廢油回收業者胡信德提供。

郭烈成向警方供稱，當油進到廠內，他第一個動作是驗酸價，依不同酸價、存放不同油槽。廠商叫貨前，為了節省成本，他還把過期的植物油與不同酸價的油品調和，再賣出去。

「進威」與「強冠」是郭烈成下游兩個主要客戶，前者專賣給豬吃的飼料油，後者是知名的食用油大廠。當警方問郭：「哪一個油槽是賣給豬吃的？哪一個又是賣給人吃的？」沒想到他往油槽一指，說：「一樣。」

除此之外，進威公司還涉嫌將皮革廠廢棄的皮脂油，和本應送往「化製廠」的劣質油，加工製成飼料油，轉售牟利。

強冠買進郭烈成黑心油之後，以一比三的比例，混入豬油，再製成「全統香豬油」，賣給下游兩百多家廠商，其中不乏知名大廠。

強冠副總戴啟川被判重刑十八年，比郭烈成刑期還高。據《壹週刊》報導，戴啟川為了將價格一再壓低，經常以退貨方式刁難郭烈成。二〇一四年台灣鬧豬瘟，戴以死豬來源充足，要求郭烈成降價；另一頭，再以豬肉價格飆漲，向下游廠商抬價。兩邊吃的結果是，每公斤至少大賺三十元以上。可見他不僅知道油源有問題，還敢大賺黑心錢。

強冠離職員工向《自由時報》爆料，早自二〇〇一年開始，強冠即從香港進口劣質油，經過脫臭、脫酸、脫臭等步驟，再與郭烈成的油混在一起販售。當油槽一打開，臭氣沖天，沒有人敢靠近，本勞不肯做，只好請外勞處理。

二〇一一年，「食品藥物管理局」技正楊明玉，用科學證據證明，在食品中添加塑化劑，是會死人的！檢方順藤摸瓜，先揪出昱伸公司，再讓超過一百六十家廠商、近三萬項產品下架，破獲人類史上最大規模一起塑化劑汙染案。當食藥局主秘羅吉看到楊明玉送上第一手的資料時，整個人跳了起來；在向局長報告的途中，全身都在發抖。

楊明玉從內部吹哨，一刻都不遲疑。朋友擔心她的安危，她卻說：「隱匿不講，就算我躺在棺材裡都不會安心！」

台灣絕不會只有一個郭烈成，卻隨處可見吹哨人。早在黑心油爆發前一年，《今周刊》就接獲民眾檢舉，有黑心業者回收廢油製成食用油。環保業者陳炳杰出面揭露，根據多年從業經驗得知，俗稱「小蜜蜂」的回收業者，每天晚上都會到各大餐廳、小吃店，載走一車又一車的廚餘和廢食用油，既不用開公司、也不用報稅，大賺黑心錢。

根據回收業者統計，全台一年回收的廢食用油大約是七萬五千噸，等於還有一萬到一萬五千噸的廢食用油不知去向；如果把小蜜蜂私下回收的廢油也加進來，流入黑市的廢食用油數量恐怕更多。

在正義公司待了二十五年的退休員工也挺身而出，指正義公司在被頂新併購前，豬肉實實在在由豬肉煉製而成，炸完的肉老闆還讓員工帶回家。等到頂新接手一切豬羊變色，一座高二十八公尺的「脫臭塔」，從西德進口，花了六、七千萬元，「公司高層難道都不覺得有問題嗎？」

消基會認為，幾次重大黑心食品查獲，可歸功於《食品安全衛生管理法》的「吹哨者條款」奏效。

根據衛福部食藥署所提供的資料顯示，以二〇一七年為例，民眾檢舉案大增，包括：蝦味先、遠東油脂、過期乳瑪琳、維格餅家等。

《食品安全衛生管理法》第十五條規定，若檢舉攙偽或假冒、逾有效日期、使用違法添加物案件，罰鍰從六萬元到兩億元；檢舉獎金最高為罰鍰的一半、一億元。檢舉人若為被檢舉人之受雇員工，可依「吹哨者條款」另外獲得獎金。

然而屏東老農不僅沒有拿到誘人的獎金，還差一點付出生命。

首先，老農檢舉郭烈成，雖然不是衝著獎金而來，但他最後到底領到多少獎金，至今仍然是個謎。

依衛福部「檢舉違反食品衛生案件獎勵辦法」，他原本最多可以領到九百六十萬元，郭烈成四千八百萬元罰金的二成，但因為郭烈成脫產，老農一毛錢都沒有領到。唯二可查的是，行政院和屏東縣政府頒發的兩百萬元和四十萬元獎勵金。

郭烈成一案審理階段，老農有天回老家拿東西，座車遭到攔堵，還好期間他換了車，人不在車上。警方隨後趕到，在犯嫌車上發現一把改造手槍，這才對老農採取三個月、二十四小時的保護。老農迅速搬離故里，從此落入繁華的大都市，異常低調。

破貪

小蝦米田志文扳倒大鯨魚

如果將立法院比擬成一座「亞馬遜雨林」，眼見盜砍、盜伐嚴重，雨林生態遭受嚴重破壞，大火頻仍、大量動物喪生、煙霧迷漫、連附近城市都落下「黑雨」。巴西人，你該怎麼辦？

立法院二〇二〇年八月爆發蘇震清等跨黨派立委貪汙案，四名現任立委與一位黨主席，同時遭到檢方聲押，創下司法史上的紀錄。台灣高檢署證實，檢、調單位所以啟動偵查，與四年前的一封檢舉信有關。這封匿名信，遭疑為一位綠營黨工所寫，由於看不慣老闆的惡行，才會勇於揭發。

立法院前秘書長林錫山被打入大牢，也源於內部舉發，立法院資訊處前高級分析師田志文，就是吹哨人。當他孤軍奮戰，感覺到了盡頭，於是拿起桌上的電話，向調查局北機站舉報，因此引爆立法院秘書長林錫山與資訊處的採購弊案。

根據法院判決，林錫山自二〇一二年起，八度收受「網遠科技」共計兩千八百萬元的賄款，同時洩漏標案機密，協助網遠取得立法院共二十三件、總金額高達近兩億元的資訊系統採購案；他的不明來源財產高達兩億四千萬元。二〇一九年七月十二日判刑定讞，刑期長達三十六年。

田志文是台中東勢人，有客家人的「硬頸精神」，老家以前在大甲溪對面種水果，或許他的錙銖必較，來自一顆顆值得珍惜的果實。

他是典型的五年級生——不怕沒有機會，只怕不會掌握機會，左撇子，沒有讀過幼稚園，開竅得很晚，講話甚至有點兒結巴。高中畢業後，他參加大學聯考，英文才考八分。重考進入逢甲大學企管系，對於未來感到茫然——預官名額愈來愈少、企研所太熱門，「乾脆回家種水果好了！」父親聽了劈頭就罵！正在他發愁之際，剛好看到補習班的國家考試傳單，他窩在電腦教室兩天，試著寫程式，寫著、寫著，突然開竅，在大二升大三那年，通過普考，取得資訊處理科的公務員資格。他先去當兵，等一年十個月退伍重新分發，選擇到離家比較近的署立豐原醫院任職。

在豐原醫院那段時間，因為薪水高、與同事相處融洽、可以跟廠商學習實務技能，令他感到滿意。但隨著一、兩年過去，對於醫院必須二十四小時待命，系統一出問題，就必須馬上處理，否則門診會大排長龍，感到吃力；加上醫院升遷不易，得跟一般行政人員競爭，他於是萌生去意。

一九九九年台灣發生「九二一大地震」，暨南大學成為受災戶，暫時北遷，需要資訊人才。田志文帶著醫院院長的推薦信，通過面試，在二〇〇〇年三月轉往暨南大學計算機中心任職，以三職等佔五到七職等的缺。

他在暨南大學一待十一年，是從業生涯中最安逸的一段時光。雖然剛到任時百廢待舉，經常工作到很晚；但最大的收穫是，他以推甄方式，在暨南大學資訊工程研究所在職進修。研一的時候，李家同校長一門「科技英文」，還讓他把破英文補救起來。

他在暨南大學工作滿十年，通過升等考試，升上七職等。由於妻、兒都在台中，他靜極思動，想回台中與家人團聚，因此經常上政府機關的「事求人」網站，發現立法院資訊處有職缺，立即前往面試，以候補第一名遞補進入立法院，在受完三個月的訓後，前往立法院中辦擔任設計師。雖然中辦只有他一人獨當一面，但因為之前在豐原醫院和暨南大學歷練豐富，所以工作起來游刃有餘。

二〇一一年九月，他到國會工作滿一年，突然接到北調通知。當時他兒子才三歲、女兒一歲，只好趕鴨子上架。到了之後才知道，長官調動他，其實出自一片好意，先讓他掛名科長代理人、連續兩年讓他考績甲等，讓他從七職等一下子升到八職等，佔九職等分析師的缺，就等著真除科長。

所謂福禍相倚、事與願違，都在田志文身上得到印證。因為擔任代理科長，所有的採購案都匯集到他手上，他因此從中發現問題。他以前在機關裡採購，都依照台銀已經完成議價的「共同供應契約」辦理，價格不僅比市價低、規格也訂得清楚。美國政府就是用這一套，連折扣都寫得一清二楚。就像立法院一台電腦，只花兩萬多元就買到，而且有三年的保固期；民間就拿不到這種行情。只要依循「共同供應契約」行事，還可以不開標，省略寫規格、審規格的過程。他沒有想到，這樣做，自己清明，卻可能擋掉廠商的財路。

田志文感到怪異之處，一是規格、二是報價、三是綁標。

有關報價，例如採購電腦，應該把CPU等級寫得清楚，但是立法院大部分的標案，卻寫得很籠統，如此一來，價格雖然可以隨意開高，卻只能滿足最低的條件標準。換句話說，等於用最高的價格、買最低的品質。

業界都知道，立法院永遠都是那四家廠商得標，人稱「四大金剛」。有時候規格一開出來，大家就知道為誰量身打造，自然就退避三舍，因為標了也沒用。

至於報價，如果A廠商招標，他向B廠商詢價，A卻要B不要插手，讓他無從比價。他是「槓子頭」個性，台灣查不到，他就向美國去查，一問之下發現，廠商沒給折扣也就算了，問題是所開價格比美國原廠還高。例如，他就曾經查到一家廠商，採購的設備標價，在「共同供應契約」上是六萬元，對方得標卻是六十萬元，足足多了十倍，買來的設備不僅差，連保固期都只給一年，他心想：「怎麼會這樣呢？」

他還發現立法院標案，綁標問題嚴重。以林錫山案中的「網遠公司」為例，做為系統維護商，原系統程式一旦由誰開發，之後凡是要增加或修改功能，只好沿用同一套系統，除非原廠商倒閉，否則其他廠商很難分一杯羹，這就是系統綁標。所以，只要案子牽涉跟系統整合，儘管需求規格沒有寫得很明確，但其他廠商一看就知道，不會自討沒趣，即使踩線，最後驗收也不會過。

田志文剛進立法院，第一次上簽給立法院主計處，主計人員問他：「以前你們機關一年預算多少？」他回答：「暨南大學一年預算一千多萬元。」對方笑了笑說：「立法院隨便一個案子，就是上千萬元。」似乎在暗示什麼？

一年下來，他幾乎可以斷定，立法院由那家廠商內定。長官再說什麼，都是話術而已。其他同事無動於衷，是因為早知道，再怎麼使力都沒用，最後一定會被打回票。他原以為是處長的問題，後來才發現，層級之高、高到秘書長。

一年後，他決定挑一個案子測試。事前他做了充分準備，以免被長官駁倒。他跟同事打賭，如果他要求比照「共同供應契約」辦理，案子一定會被秘書長退回來。果然，退回來的案子，就是系統綁標案。

田志文向調查局舉報的「網遠憑證更新案」，由他親手承辦，整起標案高達六千多萬元。先前他因為協辦過初始憑證系統的建置，知道由「四大金剛」其中一家廠商得標，姑且稱之為A廠商，就是前述「將六萬元變成六十萬元」的同一家，專包立法院的案子，即使不具備專業資格，可是立法院的空調和消防設備，都由這家廠商得標，想必背後一定有有力人士撐腰。

照理說，既然辦理更新案，應該由原始廠商延續，沒想到不具建置憑證系統經驗的網遠公司，最後卻異軍突起。田志文面對兩家廠商提出各自需求，拿出錄音機，告知兩家投標廠商，他要錄音，以免最後惹禍上身。過程中，網遠公司執意將一個上千萬元的需求納入，經資訊處向其他部門詢問，對方表明沒有必要，內部會議就直接把一千萬元砍掉。之後，田志文把招標文件處理好、影印交給處長。適逢禮拜五傍晚，他以為終於可以鬆口氣，沒想事情突然生變。

為了辦理招標案，田志文忙到連上廁所的時間都沒有。他才剛走出辦公室，正要去上廁所，卻看到處長陳露生拿著需求文件，與網遠公司負責人李保承，一起往秘書長林錫山的辦公室方向走去。

果然，禮拜一網遠公司送來一份需求資格對照表，處長影印後，發給每一位同仁，並且強調：等一下要跟李保承和他公司的人討論。「我看了後相當生氣，內容不是都改好了嗎？怎麼突然變卦？尤其網遠公司要求回加的需求，都是在A廠商達不到、已遭刪除的前提下，分明在綁標！」

那個禮拜，田志文過得很痛苦，一個人孤軍奮戰。他曾向副處長求援，最後才知道，連他都不站在自己這邊。

又到了禮拜五，遠網公司丟出的報價單，田志文一看簡直傻眼——一億兩千萬元！不僅超出預算規模，還比原訂的六千多萬元多出一倍。隨便一個項目，就要價百萬、千萬。他的定價已經很寬鬆了，他們卻還獅子大張口。他以為，只要他把事前詢價攤開，有心者自然知難而退，沒想到長官連看都不看一眼，廠商說什麼，完全照單全收。

下班後，田志文先打電話給中華電信——中華電信是國內建置憑證系統最大的廠家之一，對方一定知道，與網遠公司合作的憑證系統商，過去曾經投過哪些標案？當對方把國防部軍備局承辦人的電話給他，他立刻就按圖索驥。

電話那一頭，軍備局承辦人很有自信地說，軍方系統嚴謹，品質絕對比立法院好、價格應該比立法院高；況且軍備局的憑證，全國軍都在用，數量很大，而立法院只有兩、三千張。「那你們價格多少？」田志文問，當知道軍備局只花四千多萬元就完成建置，他感到無比震撼。這是一場「四千萬元對抗一億兩千萬元天價」的戰爭，他不能輸，於是直接向對方索取資料。承辦人也一口答應：「只要你行文，我就給！」

等田志文取得軍備局的相關資料後，毫不猶豫就打電話到調查局北機站，劈頭就問：「立法院的案子，你們敢不敢辦？」調查官以為他來胡鬧，待聽他說明原委後，立刻回應：「有證據就辦！」

事實上，田志文已自行蒐證了一段時間，不僅握有廠商需求對照表、軍備局公文、向監察院詢價的電郵、每一場會議錄音，都一應俱全，只等到調查局做筆錄了。

第二天上班，他把國防部的公文擬一份，送給資訊處的老搭檔。科長隨即找處長，處長立刻單獨在群賢樓小會議室約談他。陳露生開口第一句話就是，要調整田志文的職務。他當場表達抗拒之意，卻無法改變現況。出了門後，他再度打電話給調查官，對方反而跟他恭喜，說：「恭喜你，你已經脫離風暴圈了！」再過幾天、趕在招標案公告之前，他就帶著資料，前往調查局。

這位調查官，就是後來承辦立法院跨黨派立委收賄案的同一人。面對田志文，他突襲式丟出三個問題。一，你跟處長有無恩怨？田志文回答沒有，「他還升我的官，讓我升任分析師！」二，你要不要匿名？田志文說：「到時候看筆錄，不就知道我是誰？所以沒這個必要，我具名檢舉！」三，你知道檢舉是沒有獎金的？田志文不假思索說：「沒關係，我本來就不是為了獎金！」

田志文的起手式，引發劇烈連鎖效應。檢、調經過長達三年的監聽、跟監，最後完成蒐證，於二〇一六年一月十九日發動搜索。經查，網遠公司自二〇一一年至二〇一六年間，總計拿下四十五件政府機關電腦軟硬體設備招標案，金額高達兩億九千多萬元，立法院就佔了二十三件。二〇一三年的「國會憑證系統更新暨服務整合案」金額最高，為六千二百三十萬元；其次是二〇一一年的立法院「院內資源入口網站及相關系統升級擴充案」，金額為四千兩百九十萬元。

台北地院調查林錫山案，有幾大發現：他使用自己與他人帳戶多達三十二個，共存入現金兩億三千九百六十四萬多元；他交給立法院科長陳亮吟的日常花費，有六千七百五十五萬多元現金；他遭查扣的現金，為六百四十七萬多元；不明來源現金，高達兩億三千六百一十八萬多元；共收受網遠公司負責人李保承三千九百五十萬元回扣，平均為每案金額的兩成。

田志文最關心檢、調最後是否能取得林錫山直接收賄的證據？雖然林錫山刻意選擇在高鐵和辦公室收取賄款，相關涉案人員也以「大黃蜂」、「蝴蝶」、「蜜蜂」等語作為暗號，令辦案人員一度陷入低潮，但因為林錫山收賄時不假他人，以致辦案人員最後人贓俱獲。

翻閱法院判決書，最令人百感交集的一幕是，一千九百萬元的「民意匯流案」，資訊處原本並沒有編列預算、也沒有招標需求，就因為林錫山在竹北加油站與李保承見了一面，當面接受他的提案，資訊處立刻把不需要變成需要，主動與網遠討論需求與可行性。沒想到，半路殺出的「意藍公司」最終取得最有利標，李保承和林錫山竟然加工製造莫須有的罪名，硬是讓意藍公司淘汰出局。資訊處長陳露生原本斥責這種廢標行徑，猶如「流氓行為」，等接到秘書長的關說之後，卻立刻改弦易轍，完全遵照林錫山的指示辦理。

資訊處的高姓副處長甚至強烈建議，光是立法委員提出質疑不夠，乾脆指控「意藍公司」搜尋引擎涉及資安風險，以強化廢標的正當性。過程中，雖然有分析師、內部評委等三人持反對意見，強調若有疑慮，應該在履約階段監督，而不該在評選後，以「假設性問題」廢標。但兩位正、副處長執意貫徹到底，還是讓不肖廠商得逞。林錫山與資訊處等官員，甚至合意將「民意匯流案」之剩餘款，挪為「MAM第二案」使用，還繼續協助網遠公司得標，光這一來、一往，就讓遠網公司獲利一千兩百〇五萬元。

從二〇一三年揭弊、到二〇一六年檢方搜索，因為林錫山在任秘書長，所以田志文考績連三年被打乙等；直到林志嘉接任秘書長後，才改成甲等。

在田志文生命最暗黑的三年裡，他除了遭辦公室同仁集體制裁，將原本承辦工作、一一變成「協辦」，讓他無法取得甲等考績，還有意羞辱他，要他經過請示後才能辦事，並要他在公文上蓋章，蓋在比他職等低的同事上面。

他在被迫交出業務之後，變得無事可做。長官不讓他看公文、不讓他調資料、不讓他參與公務、不讓他參加會議，還對他做了兩次調動，讓他成為「急凍人」。資訊處同仁非但沒有對他伸出援手，還落井下石怪他破壞內部和諧。

他四度到法院作證，每一場都當硬仗來打。不僅花時間準備資料，還研讀《刑事訴訟法》，就怕當庭被被告律師擊倒。回想過去種種，他激動得說：「為了立法院、為了老百姓，我付出太多！」

走過風風雨雨，田志文心中留有遺憾。在林錫山的八大案中，只有他舉報的案子，因為無法確認誰是洩密者，還在最高法院流浪。對於林錫山最後以「不違背職務收賄」、而非「違背職務收賄」定罪，他也感到扼腕。「早知道林錫山有兩億多元不明財產，我就應該丟出手上所有的東西，讓檢、調一網打盡！」

事過境遷，田志文重返中辦，偌大的資訊中心，除了散落一地的電腦之外，只有他一人辦公。即使早已過了六點下班時間，他不放棄與廠商爭執一件只有九萬元的租用案，在此之前，他依然四處查價，當知道隔壁國教署只花一萬六千元，他的倔脾氣又上來了。經過拔河之後，他終於成功將九萬元打成兩萬一千多元，想想一年可以為公家省下一百多萬元，他就打從心裡感到高興。

台灣恐怕再也找不到第二個田志文了，但是只要有他在的一天，立法院恐怕很難再有第二個林錫山。

代價

公務員戴立紳的搏鬥

戴立紳的遭遇，是所有揭弊者中，最悲慘的一個，堪稱「最衰吹哨人」。如果窮盡一切救濟手段，最後無法力挽狂瀾，日後再也沒有人敢吹哨。

他是土生土長新竹市人，嘉義農專獸醫科畢業，考有專業證書，先在業界服務了一段時間，後轉至中央畜產會（前身為台灣肉品基金會），擔任屠宰衛生檢查獸醫師，專門查緝家畜病害、有無業者將死廢畜或病變臟器對外販售。

由於獸檢工作必須在夜間進行，加上屠宰業者多半刺龍刺鳳很不好惹，他才剛娶妻生子，因此想轉換跑道。

經過近兩年苦讀，在三十八歲那年，他通過四等特考，分發到新竹縣政府「家畜疾病防治所（簡稱家畜所）」第五課上班，主要負責查緝違法屠宰、輔導屠宰場設立、管理全縣獸醫師，以及辦理綜合業務。

二〇〇六年他進入家畜所，頭一年並未接觸採購與經費核銷，後來因為原承辦員退休，改由他接手。每次辦理採購業務，該使用哪一項經費？到哪裡去採購？發票怎麼開？用什麼名目核銷？長官都有指示，他只是奉命行事。就這麼五、六年過去，他的公務員生涯始終平靜無波。

家畜所原本所長姓李，退休後，由彭泰康接手。根據判決書所載，彭泰康和另外三位課長，在二〇〇七年到二〇一一年間，指示下屬挪用「電腦設備維護費」購買電子產品，將公物據為己用；或利用家畜所辦理各項業務計畫，需對外招募臨時人員機會，以「假人頭」方式，詐領搬運雇工和檢驗工資酬勞。由於家畜所為「地方自治團體」所屬機關，在職者均為具法定職權的公務員，行為已經觸犯貪汙罪。

例如：家畜所辦理抽血、口蹄疫撲滅、草食動物疾病防治或其他查緝業務時，彭泰康和第五、第三和第一課課長，均多次指示部屬，以特定「人頭」佯裝獸醫師或搬運工，不需要實際執行業務，只需在簽到簿上簽名，即可領取每次兩到三成酬勞；剩餘經費則轉作長官、私人或同事聚餐之交際費用，查到的不法金額為二十七萬多元。

彭泰康和第五課林姓課長，還經常指示戴立紳及另一名技佐，固定到同一家電腦公司採購數位相機、手機、攝影機、筆電、事務機和衛星導航等電子產品，回來不做登錄，據為私用。

根據判決書紀錄，家畜所第五課同仁外出執行公務時，一度發生行車糾紛，因此採購四台行車紀錄器，以備不時之需；未料分發下去，林姓課長卻主張「持有」即為「所有」，將其中一台行車紀錄器侵占。

檢察官指揮廉政署發動搜索，在彭泰康家中搜出六支手機，不僅自己使用，連太太都雨露均沾。其他電池、充電器等配備，也由公款購買。

戴立紳起初並未警覺自己也已觸法，直到二〇一一年某一天，縣府政風室顏姓科長找他，要他協助調查北埔一起雞肉採購案，他才驚覺，對方挪用採購服裝業務費採購雞肉，再分發給參與活動的鄉民，與家畜所手法如出一轍。當政風科長告訴他：「這就是貪汙！」他嚇得說不出話來。

在回家路上，他感到焦慮萬分。一則因為擔心自己觸犯貪汙罪，未來恐將被判刑入獄；二，只要一想到中央年年撥款到家畜所，若長官繼續要他違法採購，他該怎麼辦？

回家後他與太太商量，覺得這樣下去總不是辦法，於是決定出面自首。

戴立紳向廉政署自首，顏姓科長扮演關鍵角色，他向戴立紳保證：「如果你出來自首，又檢舉他人，協助檢方查獲不法，不僅在官司上不會有事，也不會遭到任何懲處。」他於是一口氣和盤托出。

廉政署出動三位廉政官對他展開訊問，他感覺，對方態度露出不屑，似乎把他當「抓耙子」看；尤其辦案態度並不積極，不准他問東問西，也要他負完全舉證責任。「那是你的事！否則你就是誣告！」他只好當場打電話給長期合作的電腦公司，沒頭沒尾問起一年前他採購的一款手機。幸運的是，對方回答說：「有！」廉政署這才決定立案，並將他直接帶往隔壁的駐署檢察官室開庭。

戴立紳從早上十一點半進入廉政署、到晚上七、八點檢察官結束偵訊出來，中間八個多鐘頭，他只吃兩個水煎包果腹。這種如洗三溫暖的感覺，讓他驚嚇不已，因此建議，未來《公益揭弊者保護法》立法，應比照美國或香港，配置專屬「揭弊官」陪同，以免日後揭密者跟他一樣，撞得頭破血流。

重返工作崗位，他硬著頭皮拒絕長官指示辦理的採購事項，因此經常被罵。對方尚未察覺自己已如甕中之鱉，直到兩個月後，廉政署兵分多路進行搜索，從家畜所和彭泰康等人住處帶走相關證物、傳喚七名相關當事人到案，他們才驚覺東窗事發。

經移送新竹地檢署漏夜複訊，檢察官以彭泰康涉嫌重大、有串證之虞，在清晨向法官聲請羈押禁見。經法官審理後，認為犯罪事證業已蒐證完成、證據也已獲得保全，因此裁定彭泰康和林姓課長分別以二十萬元、十五萬元交保，其餘五人訊後請回。

戴立紳指出，他親眼看見被告們蹲在家畜所附近的水溝旁滅證，不僅用三個桶子燒，還用卡車一車車送往焚化爐，連碎紙機都壞了三台。

彭泰康一走出地檢署，立刻請律師閱卷，很快查出戴立紳就是檢舉人，開始對他一路追殺。「吹哨者哪有什麼保護？他們就大剌剌拿著影印本，逐字逐句看我的筆錄。」戴立紳有感而發。

保護吹哨人的機制不是不在，而是只聞樓梯響、未見「法」下來。台中市警局偵查佐吳治明在辦理屏東老農跨區檢舉郭烈成地下油廠一案時，就多製作了一份「匿名筆錄」，全看有所為、還是有所不為。

台灣目前只有《勞動基準法》、《職業安全衛生法》、《食品安全衛生管理法》，訂有「吹哨者保護條款」，僅規定雇主不能對吹哨者進行解雇、調職或其他不利處分，並未針對身分保密與人身安全保護。

民進黨立委吳玉琴、鍾孔炤和時代力量送出的《公益通報者保護法》，著重揭密者身分的保密。吳玉琴版規定，凡因業務或職務而知情者，不得洩漏足以識別吹哨人、配偶、直系血親或密切利害關係人的身分資料。主管機關應以「代號」遮掩、在調查或訴訟過程中蒙面和變聲。

時代力量版在草案第十四條明定，吹哨人或其密切關係人，若事實認定有立即危害，司法警察機關得依職權採取必要的保護措施，吹哨人也可向法院或檢察署聲請保護書。

戴立紳在被免職之前，長達三年遭職場霸凌。手法包括：一、惡眼相向；二、職權架空，不給他差事做，要他去除草或掃廁所；三、孤立他，一有同仁靠近，就被叫去問話；四、要他在查緝前，取得業者簽名，害他做白工；五、偶有查緝成效，也不予敘獎，反而記他兩次申誡。

彭泰康違法犯紀，卻向戴立紳下懲處令，「事由」寫著：「以電腦設備維護費購買資訊產品，以及雇用之臨時人員未到工卻給予薪資，違反會計核銷程序、公務員服務法等規定。」相當諷刺。

其他手法還有，六、裝攝影機全程監控，精神折磨戴立紳，令他分分秒秒處於緊繃狀態，不敢遲到、更不敢打瞌睡；七，請道士作法、風水師改風水。根據《壹週刊》報導，所長彭泰康連續在二〇一四、一五兩年，花費公帑，舉辦被撲殺生靈超渡祈福法會，從早拜到晚，還用活雞血祭。

戴立紳的座位被灑了符水、摩托車上被撒了香灰，他形容，那種感覺就好像被鬼纏身一樣，日子簡直過不下去。他知道對方想逼他走，他也做了商調，卻因資格不符被打回票。彭泰康當面嗆他：「你這種人，沒有人會要！」

他還接過恐嚇電話、發生車禍意外，要不是另一半的支持，他恐怕真的快要崩潰。

三年後，終於傳來好消息——免刑，當戴立紳正想大肆慶祝一番，卻在農曆春節前夕，接到新竹縣政府發出的免職令，職業生涯被判死刑，令他難過得三天都吃不下飯。

他接著打行政訴訟，試圖透過行政救濟贏回公職，最後卻以敗訴收場。

當匿名、免刑、回復原職、行政救濟、吹哨者保護等五道「免死金牌」都失效，戴立紳吹哨的下場，是被打入十八層地獄。

司法上免刑，屬於「有罪判決」的一種，免除的是「刑之執行」；只要《公務人員任用法》一天不修改，主管機關隨時可以將第二十八條第一項第四款的免職規定，當成「尚方寶劍」使用，反成為報復者的利器。再者，第五款規定，「受緩刑宣告者」享有不再任公職的豁免權，兩相比較，儼然最大的諷刺。

交通部一位溫姓公務員，二〇一五年被控詐領差旅費上萬元，在主動自首後，同樣獲得免刑。他拚老命上訴，一心想保住飯碗，最後更審法官改判他兩年徒刑、緩刑五年，讓他一償宿願。

當戴立紳被問到：「如果重來，你還會不會吹哨？要不要上訴？」他的回答是：「我還是會堅持下去，如果我倒下，吹哨人就再也站不起來了！」

可是，當他眼睜睜看著，被檢舉人利用司法審理空檔，緩刑的緩刑、搶退的搶退、復職的復職、升官的升官，內心不僅感嘆、還十分擔心：「以後誰還敢吹哨？」

英國政治家艾德蒙．柏克（Edmund Burke）有句經典名言：「壞人之所以得逞，是因為好人袖手旁觀！」吹哨人的悲哀，是公部門的集體共業。

法務部廉政署自二〇一二年起，著手研擬《公益揭弊者保護法》，剛好隔年遇上食安風暴，於是正式提出專法；行政院卻遲至二〇一九年五月，才將草案送進立法院。

由立委鄭麗文所提出的國民黨版《公益揭弊者保護法》規定，獲免刑之吹哨者，在法案施行後一年內，得申請再任公職，可溯及既往。遺憾的是，二〇一九年五月二十七日立法院初審通過「戴立紳條款」，卻未溯及既往，戴立紳反而無法適用。他只好在「民間司改會」協助下，進一步向大法官聲請釋憲。

二〇二〇年九月吹哨人再現，向《聯合報》踢爆農委會水保局台中分局官員喝花酒和集體收賄弊案。報導指出，原水保局台中分局林姓前課長，與顧問公司女員工發生婚外情，分手後，分局主管接獲女方投訴，原以為將林姓課長調職處分即可息事寧人，未料女方不滿處罰過輕，於是再向廉政署檢舉。

女員工為私情展開報復行動，最後達到公益效果，符合吹哨人公益揭弊的定義。

經廉政署兩年監控發現，涉案官員白吃、白喝、白嫖、還向廠商強索金錢，因此圖利工程標案多達數十件，若廠商拒絕配合，則無法取得標案。

此案並扯出農委會負責工程評選的「業界門神」，不管出席費、工程指導費或相片費，大錢、小錢都拿。

另也有至少兩名立委特助或助理混跡其中，充當立委白手套，幫忙喬工程，初估金額上看億元。若有官員求官，立委也協助關說。

台中地檢署指揮廉政署兵分多路進行搜索、約談，楊姓秘書聲押獲准，林姓前課長及其他兩人，分別以二十萬、六十萬元交保，案情有向上延燒的跡象。

吹哨人是懲奸除惡的關鍵力量，台灣需要更多的臨門一腳，踢出官場的惡行惡狀。

鳴笛

來自台鐵黃德輝和李景村的聲音

二〇一八年十月二十一日下午四點五十分，台鐵普悠瑪列車在宜蘭蘇澳新馬車站翻覆，釀成十八人死亡的悲劇。十八條寶貴生命，能否換來普悠瑪停止跳躍「死亡之舞」？沒有真相，沒有答案。

事發第一時間《蘋果日報》質疑，失事列車車齡不過七年、才剛做完六年大保養、司機也有五年的駕駛經驗，為何還會釀禍？

不具名的司機兩天後向《中國時報》爆料，至少有長達三個月時間，失事車組故障率高達十六%，而且重複出現以下三個問題：第一，ATP（Automatic Train Protection簡稱，列車超速防護系統）故障，平均月修復次數高達四次；第二、主風泵空氣壓力不足；第三、ATP關閉後，儀錶板上「速度顯示器」所顯示時速，經常與實際速度不符。後來探討失事原因，始終離不開這三個重點。

政務委員張景森在事發之後第五天，前往台鐵聽取簡報，台鐵高層洋洋灑灑發表「台鐵大體檢」，列出軌道不足、線型不佳、路線環境不良、電車線系統穩定性及容量不足等問題；甚至把人力結構、勞動條件與人員素質都算進去，張景森聽完不禁感慨：「一個一萬兩千名員工的龐大組織，每年擔負兩億人次乘客的機構，竟然欠缺安全管理系統，簡直嚇死人了！體檢不是問題，怎麼動刀醫治才是問題！」因此責成台鐵成立安全管理專責單位，由局長直接負責，一個禮拜後交出改革進度。

張景森的訓令言猶在耳，未料兩年後台鐵再度爆發斷軌事件，整個台鐵從上到下，要不是麻木不仁，就是刻意隱瞞真相，不僅冒險讓列車經過，還將三十公分、誤聽為三、四公分。台鐵草菅人命，莫此為甚。

「五一九斷軌事件」，令交通部長林佳龍勃然大怒。台鐵退休主管向《蘋果日報》透露，斷軌事件之所以曝光，應該感謝一位盡責的台鐵道班領班。他在二〇二〇年三月凌晨三點下班後徒步巡軌時發現，當時雖緊急裝上魚尾鈑加固，但礙於台鐵長期存在缺料問題，遲遲等不到五十公尺的長鋼軌更換，只能不停巡軌追蹤。

直到五月十九日裂紋持續擴大、形成斷軌，區間車司機員聽到異聲之後，立即向站務員通報，未料站務員僅通報道班工，卻未及時通報調度員封軌，使得出現半小時空窗，放任兩列火車呼嘯而過。台鐵不思如何解決問題，反倒回頭懲處吹哨領班。如此台鐵病入膏肓，無藥可救。

行政院「台鐵1021鐵路事故行政調查」報告在一個月後出爐，調查小組在記者會上天馬行空，以「起司理論」（Swiss Cheese Model）形容，台鐵的組織、設備、程序、人員、環境，就像一片片起司、問題好比其中的漏洞，當普悠瑪號湊巧穿過每一個漏洞，事故於是發生；如果每一個環節在事前都能有效處置，事故就不會發生。

調查報告中提及，列車在發車前有兩組主風泵強制停機，總風缸因此發生十次壓力不足的情形，動力時有時無。說到這裡，調查小組本應追究台鐵的責任，卻將矛頭一指，歸咎司機超速。報告中指，司機尤振仲在面對異常時，關閉ATP自動防護系統，雖然曾與機車調度員、台北機務段檢查員通話兩分鐘，卻未排除異常，也未操作煞車手把，導致列車以一百四十一的時速，駛進新馬彎道，超出曲線半徑臨界速度，造成翻車。調查小組召集人吳澤成因此直指，失事原因應歸咎列車超速。

十八位罹難者中，台東董家就佔了八位。董家大女婿范銘浚原本在中國經商，見政府卸責司機感到不可思議，立刻放下手邊工作，扮演福爾摩斯。

他是外行人，只好土法煉鋼，先把光碟片看一遍，再花兩萬七千多元，影印四萬多頁資料，花一個月時間埋頭研究。在那段時間裡，他往往夜不成眠，腦海裡滿是問號。即使躺在床上，只要一想起什麼，就起身查找資料。

他注意到《民視》新聞曾經走訪失事前、後節車廂的乘客，其中第五節車廂的曾先生和第八節車廂的邱先生都不約而同提到，在列車翻覆前，曾聽到很大一聲「砰」的聲響，他們以為列車撞上月台或是工程車，因此《民視》第一時間報導，也誤以為普悠瑪因為撞上月台而翻覆。

另外，軌道鋼筋插進第六節車體，形成U字形，這得有多大的力道，才足以造成？

范銘浚前往實地勘查，一邊拿著筆電、一邊步行還原現場，結果發現：列車在駛出新馬鐵橋之後，螢幕一度閃黑，車體隨後即開始搖晃，因此他研判，出事點應該在更早之前的新馬彎道、而不是新馬站，行政院調查小組以三〇六公尺進行模擬，計算出曲線半徑臨界速度，明顯失真；他以四七〇公尺計算，獲得另外的結果，亦即就算列車在失事前時速達一四一公里，也不至於翻車。

他再找監視器業者比對行車紀錄器，發現時間被刻意模糊，懷疑台鐵為掩蓋真相，而動過手腳。

以上各種揣測，需要進一步驗證。台鐵技術助理黃德輝和前副總工程師李景村吹哨，提供專業意見，不僅解答家屬的疑問，也值得有關單位重視。

黃德輝是佃農之子，國中時一邊讀書、一邊幫忙耕田。由於經常閱讀黨外雜誌，民主思想早在他內心萌芽。

高中時期他半工半讀，就讀桃園農工補校的電工科；畢業後當兵，被挑進士官隊當士官。當時台灣尚未解嚴，幾乎所有軍、士官都加入國民黨，唯獨他悍然拒絕，因此常被輔導長找麻煩、關禁閉。

退伍後頭一年，他一邊工作、一邊準備考試，在一九九〇年同時考上中華電信和台哥大。在一般人眼中，兩個工作機會都求之不得，他卻選擇到台灣工業技術學院（台科大前身）念電機系。

進入大學的前半年，台灣才發生「野百合學運」，他來不及參與，但此後不管是「總統直選」、「廢除《刑法》一百條」、反核、發動工農子女比照軍公教子女就學補助等運動，他幾乎無役不與。

大學畢業後，他曾經在民進黨桃園縣黨部擔任黨工一年，後感覺自己個性不適合搞政治，於是重返社會，投入就業市場。

他四十五歲考進台鐵，只花了四個月時間準備，排名還在全國前幾名。

到台鐵上班的第一天，他就詢問有關加班費的問題。他原本以為，連續工作十二小時，應該發給四個小時的加班費，未料主管告訴他，必須扣除兩個小時休息待命時間，因此只能發兩個小時的加班費。他直覺這是違法，於是在三個月後發動連署，與十六位同事一起向勞工局具名申訴。基隆市勞工局還真的派員到七堵基隆電務分駐所進行勞檢，最後判他們勝訴。

勝訴文裡明訂，須透過持續的司法訴訟，才能討回加班費。由於他是新人，還沒有輪過班，沒有資格提告，但遍尋資深員工不著，台鐵企業工會也倒向資方，因此追討案因「無受害者請求」，最後遭到擱置。直到二〇一七年十月，台鐵加發所有員工一個月加班費，他的革命才終於有了些許成效。

他第一次扮演吹哨者，遭到秋後算帳。台鐵端出《公務人員服務法》第四條第二項規定，以他未獲長官允許即接受媒體採訪為由，記他小過一支。

眨眼十年過去，他的個性未改，在普悠瑪事件發生第一時間，即在臉書發文，以電機專業判斷，第七車驅動馬達在電力切換時緊急煞車，以致鑄下大禍。「主風泵和驅動馬達為兩兩配置，主風泵放在第八車、驅動馬達在第七車。當普悠瑪經過武荖坑鐵橋大彎時，因為主風泵壞了兩個，傾斜角度少掉一度，主風泵嚴重失壓，缸壓掉到五磅以下，超過臨界值，全列車因此強制啟動停車機制，第七車的驅動馬達因為煞車而被鎖死，在高速之下產生強大的電軔制動力，以致發出巨大聲響。第一到第六車繼續往前推進，第八車因為沒有驅動馬達，被第七車拉著走，以致右輪浮起、防脫護軌失去作用，因此出軌翻覆。」

他進一步指出，第七、八車因連結器斷裂，彼此分離三十公尺，有如汽、機車在高速行駛時急煞，前輪翻車呈現W型；如果因司機超速所致，會形成I或L型的混合分布，此可由德國高鐵、西班牙火車和美國費城火車出軌經驗證明。

台鐵和行政院調查小組倒果為因，將肇事責任全都推給司機，黃德輝很不以為然。「行政院調查報告緊咬列車時速一百四十公里、超過最小曲線半徑三〇六公尺臨界速度而翻覆，這是刻意編造的謊言！台鐵司機員在內部Line群組透露，ATP顯示板上的時速與實際速度差了將近四十公里，有圖為證。」

儘管有關時速出現不同版本，司機員尤振仲自承只有八十多公里，但黃德輝根據「運安會」以四二〇公尺計算出來的曲線半徑臨界速度，證明即使當時時速一百四十公里，也不至於翻覆，戳破行政院的謊言。「普悠瑪事故調查報告，是指鹿為馬的國家級大謊言，就像日本小說《七個會議》所說，上司造的孽，卻要員工來扛。讓人看著、看著，不禁有哭的衝動。」

黃德輝在文章中指出，原廠規定主風泵必須三年更換，尤其宜蘭潮濕、彎道多，應縮短為一年半，但台鐵六年不換，散熱片上堆積雜草和泥土，根本就是「主風泵的濾心殺人事件」。

「台鐵內部充滿著順從與虛假文化，即使司機員明明覺得委屈，卻不敢跳出來申訴，連工會幹部也不敢。反正我早就黑了，再黑一點也不怕。」原本台鐵已經發文，打算懲處他，卻在輿論壓力下作罷。「我在台鐵工作，難免遭到抹黑或妖魔化，但與其他揭弊者相比，我只是被記過，沒有被開除，不算什麼！」

「調查報告都在騙外行人不懂！」前台鐵副總工程師李景村挺身而出，他是引進太魯閣號的推手，從規範到驗收，一手主導。在他從機務處升任副總工程師之後，雖然並未接觸普悠瑪的採購，卻對於普悠瑪號存在的潛在危機，異常憂心。

普悠瑪號問題癥結點始終被刻意隱藏，李景村擔心，危機一天不解，將來還有可能鬧出人命。「傾斜式列車與非傾斜式列車最大不同在於，非傾斜式列車過彎時必須要做很大的減速，以三〇六公尺曲線半徑計算，至少得降到六十公里以下；但傾斜式列車不同，過同一彎道時，其速度可以較非傾斜式列車提高為時速二十五公里。」

原本普悠瑪號過彎時，時速容許為八十五公里，但經李景村向前台鐵局長周永輝說明後，經台鐵局討論，決定普悠瑪過彎道時，應比規定的速度降低十公里／小時，即最高僅能提高十五公里／小時。

李景村解釋，過彎時列車會產生離心力，是速度的平方，此力會讓旅客感覺不舒服，這還事小，問題在於，離心力如果無法抵銷，後果不堪設想。普悠瑪過彎道時可提升的速度，即使降速到十五公里／小時，但如果發生不傾斜故障，而變成非傾斜式列車，此十五公里／小時提升速度，仍嚴重違反台鐵的運轉規章規定——非傾斜式列車過彎道時，列車的速度不得高於規定速度五公里／小時。此現象若未能修正，此類事故發生時，對司機員的責任釐清，將會產生爭議。

李景村表示，台鐵網頁上曾經透露，當離心力無法抵銷，鐵軌不斷受到擠壓而變形，工務人員必須隨時搶修，業務量大增，這就是明證。反觀太魯閣號過彎時，傾斜角度五度，比普悠瑪多出三度，所以沒有這個問題。

李景村懷疑，鐵軌三年斷裂九次，不排除基於同樣原理。「鐵軌被鉚釘定住，離心力向外推，與鉚釘垂直的下壓力相互作用，造成很大破壞力，有關這一點，台鐵應該加以重視與處理。」

《自由時報》曾經在二〇一五年在專家帶領下攜帶儀器實測，發現暖暖、頭城和猴硐三處，在列車經過時，搖晃相當劇烈，數值遠超過台鐵規定的〇．八公尺／每秒平方。

普悠瑪之所以傾斜，全靠主風泵產生空氣壓力，向一左、一右的「空氣彈簧」排氣和充氣，撐出傾斜角度。依照行政院調查小組模擬的數據顯示，原本四個主風泵，發車前壞了兩個，傾斜角度因此少掉一度；如果又因為傾斜系統故障，例如：傾斜系統的電腦當機、二十四伏特的電源故障、空氣彈簧破掉等，傾斜角度完全失去，則意外勢必發生。這樣的情況，不符合公共運輸交通工具故障應安全（Fail Safe）的絕對安全設計。

「如果普悠瑪轉彎時必須降速，不過是前、後多加了兩個空氣彈簧的山寨版！」范銘浚舉「七六行者遺體修復團隊」召集人王薇君參加完普悠瑪事故聯合公祭後北返為例，當普悠瑪行經南港站時突然劇烈搖晃，就跟先前出事的普悠瑪號完全一樣，司機原以為撞到東西、下車察看，依舊查不出原因，只好將列車慢速開回台北。「難不成因為後續還有十六列普悠瑪號要進來，所以台鐵才刻意隱瞞真相？」

普悠瑪號列車在二〇一四年六月二十八日並未完成驗收的情形下，即搶先通車。根據台鐵二〇一三年十月十五日的公文得知，台鐵當時即已發現出現「空氣彈簧」破裂，卻不了了之。

至於普悠瑪號合約中規定的滿載荷重條件，為四五〇％，台鐵驗收時竟以增廣商源為由，並答應未來不賣站票，而將承載重量下修為三〇〇％，就讓普悠瑪號上路。

審計部調查台鐵ATP指出，依照合約要求，ATP故障率必須低於百分之一，得花超過四十三萬個小時測試，以發揮系統在列車超出規定時，提供減速或煞車輔助功能；但七百二十八套設備交貨兩年多，卻始終未完成「可靠度」驗收，光在二〇〇七年九月到隔年三月二十日短短半年測試期間，故障次數就高達九百五十七件。驗收沒過，台鐵竟急著給錢，一口氣付給廠商三十億一千五百多萬元，佔契約總金額的百分之九十三。

台鐵指控委託的英商勞氏驗船協會（IV&V），原本是獨立第三方單位，應做好驗證及確認工作，卻嚴重失職，維修手冊對於主風泵用詞多且互異，IV&V卻未發現，間接導致司機員和調度員在通話時，一度將空壓機誤解成空調；另外在普悠瑪號的驗收單上，也未見其將ATP遠端監控系統列入，台鐵因此向勞氏提告求償。

李景村認為，台鐵向勞氏求償很合理；但是IV&V的款項，是由購車案得標廠商支付，勞氏立場倒向日商，顯而易見。

前立委段宜康在普悠瑪驗收階段即曾經爆料，指普悠瑪號列車尚未通過原廠測試、還有一百多項缺失，春節車票即被搶購一空。「當時派往日本監造車輛的台鐵機務處車輛科長楊安心，曾發電郵回來，建議在電磁干擾和傾斜測試尚未完成之前，先不要裝船，但末了卻未被接受，他因此拒絕在監造文件上簽字。」他找來楊安心與時任機務處長的何獻霖在立法院對質，何獻霖雖然證實有這封電郵的存在，卻因研判楊員所提缺失，並不屬於重要項目，才會准許普悠瑪號出廠。

當時何獻霖還稱讚勞氏獨立查核驗證結果，台鐵百分之百深具信心。

段宜康還提到，普悠瑪最大問題，並非比太魯閣號貴，而根本就是假的傾斜式列車，按原先的招標公告規格，普悠瑪過彎時，橫向加速度容許值，應與太魯閣號一樣，為〇．三公尺／每秒平方，後因日本住友商社會長岡素之與馬英九在總統府見過面之後，招標規格就降為〇．八公尺／每秒平方。乘客因此必須承受比太魯閣號大近三倍的離心力，等於政府花了上百億元，買來假的傾斜式列車，還得達到傾斜式列車要求的車速，而這樣的好事，是時任交通部長毛治國幹的！

當時段宜康可能已預料到，普悠瑪號終有一天，會釀成慘痛悲劇。只不過十八條人命，並未換得危機解除。台灣老百姓依然身處於政府的十面埋伏之中，而渾然未覺。

打火

消防員徐國堯的抗爭之路

消防員徐國堯、郵務員陳惠澤、台鐵技術助理黃德輝，屬於「抗爭型」吹哨人。徐國堯為了爭取調整勤務時間為八小時，向大法官申請釋憲成功。他的勝利，鼓舞了所有的吹哨人。

徐國堯是鐵工之子，父親早年在中船、中鋼拆船，後來自營做小包商。他從小好打抱不平，國小一年級，看到班上同學被六年級學生欺負，不知道哪來的勇氣，上去就打，還打贏高他十公分的學長。以後凡是同學遇到危難，都會找他出頭。

他喜歡運動，書讀得不好，知道自己考不上大學，見同學爸爸當警察，去考警察專科學校，順利上榜。

當時警察號稱有八萬大軍，員額多，消防員卻只有一萬多名，他那屆招進來的五百名新生，全都編在消防安全科。

警專畢業後第一年，他被分發到台北市中崙分隊，直到第二年通過警察人員特考，正式取得公務人員資格。

當時台北市消防隊採「勤二休一」——工作兩天、休息一天。一天二十四小時，等於工作四十八小時、休息二十四小時。遇到颱風天必須停休，往往需要連續上五天班，總共一百二十個小時；加上警、消沒有周休二日和國定假日，工時拉得很長，雖然有加班費，但設有上限，一個月最高可領一萬五千元，即使工時超過，也領這個錢。

消防員勤務繁雜，除了打火、救護之外，還負責「消防栓水源查察」、「消防設備檢查」、「防火宣導」和「為民服務」。照理說，依照《消防法》，消防栓水源查察是自來水廠的權責，但長期以來，均由消防隊代勞；開救護車原本是衛生局的工作，久而久之約定俗成，最後乾脆法制化，將職掌劃給消防隊。

「為民服務」就更包山包海了，舉凡抓貓、抓狗、打蛇、抓蜂窩、溪州救援等等，都落到消防員頭上，前行政院長賴清德要他們做功德。

消防隊員並非十八般武藝樣樣精通，以摘除蜂窩為例，沒有專業訓練，學長怎麼做、他們就怎麼做，完全土法煉鋼。台東一位李姓消防員就因為摘除蜂窩而命喪黃泉，由於並非死於火場，不算「因公殉職」，以「因公死亡」撫恤，撫恤金差了十萬八千里。

徐國堯認為，要就不要派勤務，既然派了，就應該算「因公殉職」。他在八德分隊的時候，跟同仁一起去抓虎頭蜂，不小心讓一隻飛走、叮了同仁一口，三分鐘後，立刻產生「蜂毒效應」，不停地喘，被救護車送到最近的空軍總醫院，五分鐘不到，就接到病危通知，還好最後救回一命。

徐國堯之所以參加特考，是以為公務人員比勞工要有保障，沒想到等他真正當了消防員，才知道大錯特錯。「我們中崙分隊最長一次停休，是九二一大地震後，連續十天在東星大樓救災。台北市是首善之區，員額多，但一個隊也不過二十幾人，還得服正常勤務、值班。我們兩兩輪流，一次做十二個小時，等回到隊上後，再換另一班去。現場瀰漫濃濃的煙味和屍臭味，連在基隆路上都可以聞到；最可怕的是餘震，當吊掛繩索、在建築物底下挖掘時，內心七上八下。那年我才二十二歲、才當兩年消防員，第一次感覺到害怕！」

他被調回高雄以後，二〇一四年碰上高雄氣爆，從七月三十一日晚上、到八月八日父親節，杉林分隊一連八天都在三多路救災。現場滿目瘡痍，馬路全都翻起來，就好像電影情節一樣。令人感傷的是，高雄市政府主秘林基澤與瑞隆分隊小隊長劉耀文雙雙殉職，經過一個多月的尋找，才在氣爆現場挖出遺骸。林基澤的女兒也是消防員，當聞訊趕到現場，在大雨中撐起黑傘，守護父親遺體的畫面，看了令人鼻酸。

既然身為消防隊員，徐國堯認同，遇到重大災難停休，天經地義；問題是，其他單位所謂「停休」，是「停止休假」——不准請病假或事假，而不是停止輪休，中間有很大的差別。

徐國堯看著從南部上來的學長，才四十幾歲，因為「勤二休二」或「勤一休一」，只能和同事換班，每個月湊個三、四天，回家看老婆、小孩。平時一個人就住在宿舍或外面的租屋處，看了令人心疼。

可是請調並不容易，一年大約只釋出二、三十個名額，僧多粥少，光警專一個期別就有好幾百人，前面還有一大堆學長在排隊，「什麼時候才能輪得到我？」

他用「跳島戰術」，先請調到新北市，沒想到工時反而變長、作息也很不規律，生物時鐘打亂，造成他白天爬不起來、晚上睡不著覺，整天精神不濟，一、兩年下來胖了十公斤。

徐國堯因為一件意外事件，請調高雄獲准。回到高雄後，他在勞工局「調解委員會」當協調志工，因此接觸到《勞基法》和其他勞動法規，頓時豁然開朗。「我們是公務員、也是勞動者，應該適用《勞基法》精神！」對於每次休假，還要參加每天早晨八到九點的勤教，扣掉往返交通時間，一天等於休不到二十一、二個小時，他認為很不合理。

於是他走上抗爭之路，先寫報告給逐級長官，未料成為長官的眼中釘，年年考績乙等；他開始內部申訴，未見成效之後，開始向民代陳情。經過他藍藍綠綠找了一圈，原本抱持很大的希望，最高紀錄還曾寫過十封陳情信，給其中一位議員，未料對方非但虛應故事，還把他的書信交給他的長官。

接下來，徐國堯面臨一連串的整肅，首先遭到頻頻調動，從苓雅分隊、十全分隊、中華分隊、調到最後的杉林分隊，連續被調動四次。其中一個分隊為了整他，突然准許他以個人為單位，落實「周休二日」。不過，刻意將兩天假期拆開，還輪流讓他值白天班、小夜班或大夜班。三個月後，開了個檢討會，把他排除在外，就以試辦成效不佳，收回成命。

當血汗消防的「潘朵拉盒子」一旦被掀開，「外溢效應」擴散，陸續有來各縣市的消防員打電話給他，探詢比照「周休二日」的可行性。他們跟徐國堯一樣，寧可要休假、也不要加班費。幾個縣市消防隊，甚至因此缺人。

就在這個時候，徐國堯被調往離家五十公里遠的杉林分隊，在離開中華分隊之前，他宣布要走上街頭。

「集會遊行」的申請，橫跨兩個部門——警察管遊行、建設局承辦集會場地的申請。徐國堯六月開始籌辦，一邊在網路發文刺激集體意識，一邊則忙著跑公文流程，一路跌跌撞撞，最後公文也上了、路線圖也畫了，就是不准。警察雖然當他們是自己人，但也不諱言，上頭有長官壓力，無法放行；建設局則態度強硬，用各種手段刁難，徐國堯氣得衝到承辦員辦公室理論，反而吃上「瀆職」的烏龍控告。「比利時是隊長帶兄弟上街，我們則是長官帶頭打壓！」眼見時間愈來愈急迫，他決定不顧一切衝了！

二〇一二年八月三十一日，徐國堯發動有史以來第一次的「消防大遊行」，控訴長期人力短缺、超時工作與設備不足。現場每兩分鐘，就有警察舉牌一次，想逼他們解散，但是徐國堯打死不退。接下來的場面，令他永生難忘——那些原本躲在柱子後面、頭上戴著面具的消防弟兄們，一個個站出來，總計三百人，就這麼浩浩蕩蕩，從消防局、走到市政府。當第一班列車啟動，證明徐國堯的哨音，終於響徹雲霄。

抗爭至今，他從來沒有倒下來過。沒錢，他就賣T恤；有困難，他就一一解決。隔年七月，他再次號召基層消防員，向政府遞交籌組「消防員權益促進會（簡稱「消權會」）」申請書，案子拖了三個月，直到民進黨立委陳其邁出面，才正式成立。

如果政府願意聆聽消防員的聲音，二〇一五年桃園新屋保齡球館大火，或許不會奪走六條消防員的寶貴生命。由一群醫療人員創辦的「美的好朋友」粉專，除了發文悼念六名不幸殉職的打火弟兄，還沉痛呼籲政府記取教訓，改革消防體制，以避免悲劇再度發生：「結構性問題一天不解決，總有一天，類似災難會再次發生……」言猶在耳，不到四年，台中市大雅區就發生違章工廠大火，又令兩名消防隊員葬身火窟。

縱使兩次災難都因為鐵皮違建「始燃」，但消防指揮調度系統不完備、個人裝備不足、人力不足、缺乏工會組織，也是問題所在。「中央預算多半拿去補助消防車、廳舍，地方又因為財源不足，以致長期忽視消防員老舊裝備的汰換，有的消防衣和靴子穿了十年，到處都是破洞。」

他在二〇一六年九月以「消權會」名義，號召消防員群聚凱道，為兩年來因公殉職的十三位消防弟兄舉行「公祭」，呼籲政府補齊人力、改善裝備、專責分工、不再打壓。

徐國堯滿身傷痕，他的打壓紀錄，足可申請「金氏紀錄」——二〇一四年六、七月，被以執行職務懈怠、溢領加班費、無故不參加訓練和測驗為由，重大懲處十次、記申誡四十二支（功過相抵後為三十五支申誡），達到「警察人員人事條件」免職條件，在同年九月遭到免職。在此之前，他完全沒有申誡紀錄，外界一般認為，「秋後算帳」意味濃厚。

二〇一四年九月九日上午，他接到免職令後，立刻收拾包袱走人。頓時失去工作，他的戶頭只有十幾萬元，只好先到父親工廠當鐵工，等一年之後取得保險證照，才開始從事保險業。父親不忍苛責，但說了句重話：「人家公務員都做得好好的，你卻做到落第（台語，名落孫山的意思）！」令他有苦難言。那一年，他只有三十六歲。

伴隨而來的還有民、刑事十二個官司，包括：瀆職、貪汙、偽造文書……，五花八門、林林總總。他後來才知道，新來的分隊長表面跟他套交情、聽他抱怨，私底下卻早已對他錄音、錄影、蒐集資料，大量懲處時間，還遠溯至過去三年。

徐國堯非省油的燈，早在二〇一一年到高雄大學攻讀法律，他的同班同學、「台灣基層護理產業工會」發起人陳玉鳳，在差不多時間，也號召護理人員站出來，一起改變「血汗」勞動職場。

與徐國堯境遇相同，她護校、二專畢業後，考取公職，在署立醫院上班，原以為公職護士薪水穩定、還可以升遷，總比那些約聘僱護士擔心丟飯碗來得好。沒想到，自一九九九年起，醫院開始鬧護士荒，她的工作量大增，每天得應付「畸形班表」。她在內科病房曾經一連上過十天班，十天內還不時輪上白天班、小夜班和大夜班，搞得她日夜顛倒、生理時鐘混亂，好不容易懷了第二胎，最後卻不幸流產。

後來因為一次手術，她與自家醫院打起「醫療疏失」官司，因此被列為黑名單——考績永遠乙等、不斷被調職、處處被刁難、還不時被醫生怒罵。她寫了上千封信給中央和地方衛生單位，控訴醫療體系種種不合理、甚至違法的行徑，卻得到千篇一律的制式回答。她只好先到高雄大學政治法律系在職進修，最終走上抗爭之路。

徐國堯遭解職之後，向法院提起行政訴訟，經高等、最高法院判決敗訴。律師林石猛見高雄氣爆和新屋保齡球場大火陸續發生，忍不住出面協助他聲請釋憲。他的釋憲聲請總共有兩件，二〇一九年十一月二十九日，司法院大法官做出釋字第七八五號解釋，限令違反《憲法》服公職權及健康權的相關機關，應於三年內修正警、消勤休方式，補償超時工時。警政署因此發函各單位，合理編排勤務，每日以八小時為原則，無法因應需求者，以十小時為度，以讓員警有充分休息和照顧家庭的時間。這是徐國堯的首場勝利，他的付出終於有了代價。

至於他二〇一七年提出「免職違憲」的釋憲案，目前排在兩百案之後，不知道何時才會有結果。

台鐵技術助理黃德輝剛進台鐵，就發現勞動條件不合理。由於他自身尚無輪休經驗、資深員工又不敢出面，於是他自告奮勇，在二〇一一年發動連署，告發台鐵挪用員工兩小時休息時間，卻不給加班費，違反《勞動基準法》。經勞委會派員勞檢之後，調查屬實，裁處台鐵一萬兩千元。

黃德輝身先士卒，不僅首開台鐵、高鐵、華航員工申訴勞檢的風氣之先，也終於迫使台鐵在二〇一七年十月落實新制，十二個小時輪班、加發一個小時的加班費；但相對地，他卻付出慘痛的代價——連續七年考績乙等、禁止輪休、被依《公務人員服務法》第四條記過懲處。

二〇一七年到二〇二〇年間，法警簡嘉達、陳照中和書記官陳建曄等人，為爭取加班費，在法院及公務人員「保訓會」雙雙勝訴，連帶使類似案件激增。

在郵局行員陳惠澤眼中，血汗職場既是一種「權勢下的悲哀」，也是勞動者縱容出來的結果。

「中華郵政」是百分之百交通部持股的國營事業，受立法院預算和「國營事業考成辦法」的節制，盈餘必須繳庫，一切以績效掛帥。公司內部甚至有「用人費率」，營收增加、用人增加，營收減少，用人減少，勞權問題因此產生。

二〇一一年，陳惠澤與郵差黃維國、詹志男等人，出面控訴中華郵政為「血汗郵局」，工會不作為，員工往往超時工作十二小時，郵局卻不給加班費，甚至釀成吳佳育與李文進的悲劇。

隔年五月，陳惠澤遭到秋後算帳，郵局同樣祭出《公務人員服務法》第四條，對他進行懲處。郵局同仁為他抱不平，他因無法接受「揭弊者送辦，違法者太平」的處理，情緒激動、氣憤難平，好在他防詐有功，將功抵過，資方動不了他一根寒毛，他於是打死不退，持續抗爭到底。

他之所以負隅頑抗，與桃園八德大湳郵局郵務士李文進之死有關。陳惠澤父親是大陸災胞，他自己又是軍人出身，當他聽說李文進每天回家，再怎麼累，都親自幫八十歲榮民老父擦澡，令他感動不已，決定發出不平之鳴。

李文進是在與股長吃羊肉爐時倒下，經送醫後不治，他的父親中風，母親不識字。在他往生之後，有一卷錄音帶流出，只聽見家人在他的病床旁邊，不斷地問道：「哪有人上班上成這樣，回家一直喊累？難道不能補人嗎？人有那麼難找嗎？這是什麼樣的工作環境？……我不要加班費，我只要他站起來！加班費，笑死人，有嗎？還是略為表示一下？」即使李文進因公殉職，最後卻以一般死亡進行撫卹，對家屬來說，少了一百多萬元的照顧。

另外，龜山文化郵局的郵務士吳佳育，同年一月被發現在五股山區上吊身亡，身旁留有遺書，向母親道歉。同事透露，他每天工作十幾個小時，處理數十公斤郵件，月薪三萬多元，因為承受不住壓力，長期失眠，最後被逼上絕路。

事件發生後，陳惠澤每天寫陳情信到總統府、行政院、勞動部、法務部、交通部和監察院，整整寫了一整年、總共幾十萬字，並提供一堆證據，最後換來的只是失望。「勞工局曾派員來郵局勞檢，卻只看簽到簿，員工在簽到簿上千篇一律寫八小時，下了班之後，其實繼續在工作。政府其實可以更有作為，可以調出郵局的監視器，員工什麼時候進、什麼時候出，不就能查得一清二楚！」

經過陳惠澤與伙伴們不停檢舉，郵局的勞動環境比以前改善許多，用人和加班費都有增加。只不過，徐國堯與陳惠澤們，這條路走得太辛苦，也都付出高額的代價。

防詐

郵局行員陳惠澤的進擊

日本漫畫「進擊的巨人」，描述人類與巨人衝突，在城市四周架起高牆住在裡面，與會吃人的巨人對抗。

中華郵政行員陳惠澤，有「郵俠」之稱，雖然身處國營事業高牆，卻勇於突破藩籬，與詐騙集團抗衡，總共吹哨一千多次，說他是「防詐祖師爺」，一點都不為過。

他的身世坎坷，六歲時因家境清寒，與弟弟和大妹三人，被父親送往育幼院；最小的妹妹則送養，直到五、六歲，透過官司訴訟，才要回來。他們家四個小孩輾轉在中華育幼院、親戚家、大同教養院和災胞救濟總會辦的兒童福利中心待過。光是小學，陳惠澤就讀了七、八所，中和國小他還讀了三次。

在福利中心，因為弟弟得了臭頭，他聽說喝蛇湯可以根治，向福利院阿姨爭取未果，帶著弟弟、妹妹打了人之後，從福利中心逃跑，在北門一帶街頭和中興橋下流浪，兩天之後才被警察找到。兒福中心因此將陳惠澤掃地出門，父親只好把他接回家，換小妹進去。

一九七五年蔣介石過世，興起一股從軍熱，當時他念國三，被父親送往龍岡第一士官學校當軍人；此後，他陸續在裝甲兵部隊、飛彈部隊待過，是專門修雷達的專家，於一九八三年退伍。

退伍後，他考上中興大學企管系，與資深媒體人張啟楷還是同寢室的同班同學。一九八五年，他半工半讀考進郵局工作，從此成為中華郵政的行員。

一九九四年，他與妻子在台中太平購屋，社區名為「生活公園大廈」，由宏總建設興建，占地一千八百坪、社區三百四十四戶，後來發現設計有問題，陳惠澤先帶頭推翻社區管委會，接著與其他住戶接手進駐，經過兩年多的官司訴訟，終於在一九九七年底，與宏總建設達成和解，社區獲賠一千五百萬元，以及八大項服務；至於少數幾個帶頭者，還另外獲得數十萬元獎金。原以為塵埃落定，未料一九九九年九二一大地震來襲，所有房子倒了、宏總建設也垮了。

社運人士與陳惠澤等社區幹部，成立「災盟」，發起災民運動，為受災戶討公道。同年十月九日，陳惠澤帶領住戶包圍總統府，他在指揮車上站了一整晚，被推選為主席兼台中縣災盟理事長。經過折衝，他代表住戶接受陳水扁政府的承諾，由政府概括承受部分災民的貸款，好讓受災戶得以早日重建，卻因此與社運人士分道揚鑣。

陳惠澤一家住在組合屋裡，一住三年五個月。直到馬英九在任總統，有一天突然宣布災區重建成功，把他和其他四十三戶災民趕出組合屋，變得一無所有，最後只有組合屋至今還荒廢在那裡。

九二一大地震，奪走「生活公園大廈」十二條人命，不少受災戶妻離子散、生活難以為繼，打了十幾年國賠官司，一審判賠住戶三億四千八百萬元，二審、更一和更二審卻大逆轉，判災戶敗訴。陳惠澤認為，不管是建商偷工減料、還是市府核發建造有問題，台中市長胡志強都應該發揮同理心，不該執意上訴，跟災民打到底。最後最高法院判決政府勝訴，災民只有默默承受失敗的打擊。

陳惠澤對建商無法原諒，他在倒榻現場看到散落一地的沙拉油桶，懷疑建商偷工減料，於是向媒體爆料，後來證實，建商既沒有箍筋、也沒有灌漿，而以沙拉油桶取代。媒體報導起初一面倒，站在他這邊，後來有專家出面說明，指沙拉油桶只是裝飾用、為必要之惡；連法官也都認定建築師和監工有責，政府和建商通通沒事。即使他向金管會檢舉宏總負責人林宏宗脫產，也不了了之。

「梅花」歌詞裡有一句——沒有國、哪有家？陳惠澤兩千年幫競選總統的宋楚瑜站台，有感而發說：「九二一的受災戶是，有國沒有家！」

當「災民運動」告一段落之後，陳惠澤回歸太平竹子坑郵局行員工作。有一天，他看到一位「大愛新村」的受災戶，喝得醉醺醺的，被帶到郵局開戶，懷疑他可能遭到詐騙集團利用；果然，沒多久他接到通知，指帳戶被盜。從這件事以後，他就對自己說，以後他絕不容許任何一位災民受騙上當，於是一股腦栽進防騙的領域。

早在一九九七年，陳惠澤就注意到，詐騙集團逐漸在台灣猖狂。首波犯罪集團來自香港，他從住家信箱發覺有一封不速之信，是寄給他已逝的父親，通知他刮中幾十萬港幣的「刮刮樂」，要他先繳交稅金和手續費。

同一個時期，他在樹林監理所郵局服務，遇到一位企業主，也因為誤以為中了刮刮樂，連續匯了好幾個幾十萬元出去，等他發現後，立即上前阻擋他繼續匯款，對方卻仍執迷不悟，說他打電話向刮刮樂上的名律師確認過，不會有錯。

或許因為個性使然，陳惠澤防詐像著了魔似地，不僅隨時提高警覺，還把刮刮樂郵件全都扣在郵局裡，不往外送，信件愈堆愈多，最後堆滿整個郵局。長官下令他處理，他不為所動，最後通知媒體報導，僵持許久，直到刮刮樂在台灣消聲匿跡。

當時台灣社會防詐意識薄弱，加上警政單位未將防止詐騙列入績效，因此即使受害者前往警局報案，往往遭到忽視。所以陳惠澤乾脆親自上陣，拜託同事幫忙盯著，一有什麼風吹草動，就趕快通知他；再不然靠自己眼觀四面、耳聽八方，一發現有可疑分子，就大膽上前盤查，或是徒手擒賊，甚或以肉身搏擊。

有一次，他看到不斷有人在郵局外的ATM提領，直接上前詢問：「你該不會是詐騙集團車手？」當見到對方表情變得扭曲，他趕快一邊交叉比對帳戶，一邊報警處理。

他抓詐騙嫌疑人，常常不顧自身安危，那名表情扭曲的車手，足足有九十幾公斤，他卻奮力把他按在牆上，直到警察姍姍來遲。他在往警察局做筆錄的同時，順便教警察如何辦案。警察被逼迫辦案，心情已經不好，加上他經常指揮辦案，雙方因此迭有衝突。運氣不好時，陳惠澤遭誣指、錯怪，也是常有的事。

他有一次冒險犯難，與車手對峙，過程十分驚險。對方自稱台商，臨櫃時出示雙證件，陳惠澤手一摸，發現對方駕照有偽造之嫌，於是報警抓人，並查驗相關帳戶，同時通知被害人前往報案，最後證明，車手偽造台中市環保局一位官員駕照，他到警察局做筆錄，與歹徒狹路相逢，對方忍不住對他大聲咆哮，他坐一旁老神在在，耐心跟他解釋：「我是本於職責，保護客戶權益；就像你一樣，選擇詐騙，不也有你的立場？」車手心悅誠服，跟他透露，其實兩天前，他曾經被警察攔查，沒被發現，他參加過十幾個犯罪集團，從未遭逮，最後卻過不了陳惠澤這關。

另外有位張姓女台商，剛返抵國門，在睡午覺時，接到詐騙集團電話，對方假扮檢察官，通知她洗錢被抓，她按照對方指示，分別在郵局和土地銀行，匯了三百多萬元，進到對方指定的帳戶。陳惠澤發現，怎麼客戶匯了一百八十萬元進來，立刻就有人提領，先通知土銀將帳戶凍結，再向警方報案。

女台商嗆聲，自己認識許多警、政高官，如果最後證明陳惠澤有錯，造成她的損失，她將提起告訴。第二天，她果然帶了人來，最後發現，陳惠澤把她遭詐騙的三百多萬元，全都追回來，不禁羞愧：「我在大陸有一千九百個員工，竟然還會被騙？」

詐騙集團會因為被害者身分不同，而對症下藥。例如，有位台商不時涉及聲色場所，詐騙集團因此偽裝成酒店業者，要他用ＡＴＭ辨明身分，證明自己不是警察，才讓他到酒店消費。不知不覺中，台商的錢輕易就被騙走。「現在每台ＡＴＭ機器都有『不能辨別身分』的警語，就是我逼政府設計出來的。」

陳惠澤聲名遠播，二〇〇四年接獲時任刑事警察局警務正殷正盤的邀稿，要他寫一篇有關防詐意見與心得的文章。他買了電腦，學習打字和儲存，前後花了好幾個月，寫了四、五千字寄去。這次他與警察合作的開始，最後連手促成全民防詐。

他獲頒獎牌無數，同年八月，他前往警政署演講，以「如何喚起警察防詐意識」，傳授防詐經驗，警政署長謝銀黨頒給他「伸張正義」獎牌，作為答禮；侯友宜在任警政署長時，頒給他「三等義行獎章」；他在太平郵局服務時，胡志強頒給他「榮譽市民獎」；兩千年陳水扁主政，陳惠澤獲得「好人好事代表」；蘇貞昌首次行政院長任內，由交通部頒給陳惠澤「模範公務員」獎；中華郵政也因為他，將獎勵周期限制為半年一次，否則陳惠澤每破一次案，就被記一次大功，半年下來，他已累積三十幾支大功，再這麼下去，他前後總計破了一千多個案子，總不可繼續再記五、六十次大功。

他最在意的不是這些獎項，而是政府防詐工程逐步有成。起初，警政單位並未成立專責單位、金融機構也沒有提供二十四小時服務，在缺乏即時通報機制下，受害者報警晚了，匯出去的錢，再也追不回來。「165專線」因此應運而生，多虧陳惠澤多年努力，終於開花結果。

陳惠澤的進擊，為台灣民眾築起防詐高牆，讓食人的詐騙集團，不再成為巨獸，蠶食鯨吞，飽食而去。他才是巨人，勇猛無比，銳不可擋。

挖掘　學者黃煥彰和里長李新進的環境事件簿

大地是我們的「母親」，吹哨人檢舉汙染，猶如對親情的呼喚。

齊柏林用鏡頭吹哨，首部空拍紀錄片《看見台灣》，揭露亞泥在花蓮濫墾，新城山頭白成一片；南投清境過度開發，滿山潛伏未爆彈；台中火力發電廠、六輕和林園石化工業區煙囪排放白色氣體，居民成為受害者；日月光排放毒廢水汙染農地灌溉水源後勁溪，老農痛徹心扉；四萬座墳墓佔領觀音山，趕走翠綠山林；嘉義梅山濫種檳榔樹，預告未來可能的災害；東海岸櫛比鱗次的消波塊，嚴重破壞海岸生態。

「我們都是共犯！」齊柏林生前如此控訴。以日月光排放毒廢水來說，五千一百九十四噸廢水流入後勁溪，鎳含量二十四．一公斤，是後勁溪鎳濃度的兩〇四三倍，汙染下游農地灌溉水源達近一千公頃。

檢方在二〇一四年一月依《刑法》流放毒物、《廢棄物清理法》任意棄置有害事業廢棄物等罪，起訴半導體封測大廠日月光和廠務處長蘇炳碩等五人。檢察官引唐代文學家柳宗元的寓言故事「永某氏之鼠」告誡：「世間並無長久飽食無禍之理！」結果，強酸水汙染後勁溪的代價，是不用付出代價。

董事長張虔生坦承，平日未著重廢水處理設備的投資，預算只佔總成本的微幅比例，檢察官痛斥他不知反省，卻採信他「不知情」的說法，做出不起訴處分。

後續法院判決每況愈下。高雄地院二〇一四年十月宣判，蘇炳碩等四人一年四個月到一年十個月徒刑，緩刑四到五年；另一人無罪。日月光遭罰三百萬元，涉犯公共危險罪的部分，全部無罪。《中國時報》批判：「日月無光的判決，是看見台灣的下場！」

隔年九月高雄高分院宣判，被告全部無罪。《蘋果日報》批判：「沒有天理！」

連日月光員工都懂得是非善惡：「公司這麼做，就是不對！誰叫它偷偷排放有毒廢水、汙染我們的後勁溪？在地楠仔坑（楠梓舊名），人人都愛這片土地，不希望後勁溪遭到汙染。」

又一年過去，高雄高等行政法院撤銷日月光一億〇一萬元的裁罰，要高雄市政府環保局還錢。時任環保局長陳金德反問：「難道將鎳排進入後勁溪，是合法的嗎？」

環保局土水科技士邱義雄，最早發現日月光排放強酸廢水。二〇一三年十月一日下午一點半，他在後勁溪德民橋下進行例行稽查，發現水中有很多沖不破的泡泡。經檢測後發現，強酸值破表。他前往日月光Ｋ７場進行排查，當掀開「放流槽」，一股刺鼻的味道襲來，ＰＨ值高達二點多，他大吃一驚：這麼大一家上市公司，投資汙染防治設備，應該不成問題，怎麼會把未經處理的廢水，就這麼排出去？

檢察官林仲斌在台南鄉下長大，從小在嘉南大圳戲水，見證二仁溪從清澈變汙濁的過程。二〇〇三年，他接獲台南社區大學志工的檢舉，開始偵辦水汙案。「二仁溪岸從一九七〇年代開始，有許多廢五金工廠林立，過程中，將廢水直接排到河裡；加上移動汙染源——裝著化學廢液的槽車，選擇在夜晚拉管子出來排放，河川變得五顏六色，就像變色龍一樣。生態被嚴重破壞，大量魚群翻出白肚，就好像在告訴我們，它很痛苦！」

台南，也是中華醫事大學副教授黃煥彰的家鄉。一九九七年，他前往二仁溪出海口勘照，發現河川奄奄一息，死魚綿延三公里，只有頑強的大眼鰱和豆仔魚苟延殘喘，他一個人站在岸邊哭了二十分鐘。經調查發現，有婦女生出兔唇或無腦的畸形兒，居民罹癌比例偏高，一九八六年爆發的「綠牡蠣事件」，令農、漁民苦不堪言。

他開始埋伏蒐證，經常躲在車裡，偷拍隱藏在無尾巷裡的廢五金工廠，即使遭黑道威脅，也毫不退卻。「那段日子，我怕太太擔心，不敢告訴她在做什麼，晚上經常壓力大到睡不著覺。」

他與環保志工組成「河川巡守隊」，一發現汙染，就向政府檢舉，透過輿論壓力，迫使前環保署長郝龍斌在二〇〇一年，動員七百名警力，將沿岸五十多家廢五金熔煉廠拆除。

固定汙染源被消滅，滿載化學廢液的油罐車，依然趁夜排放，黃煥彰氣憤難平。「以前業者頂多一個月排放一次，現在變本加厲，每兩天就有一次！」他知道不能再單打獨鬥，開始與檢察官合作，終於將二仁溪從台灣三大汙染河流中除名。這一晃，就是悠悠十四載。

「台鹼（中石化前身）安順廠」戴奧辛汙染案，也是黃煥彰的代表作。

一九六〇年代，安順廠是東亞最大的五氯酚製造廠，隱瞞製造汞和戴奧辛長達二十二年。一九九九年一天清晨，黃煥彰在安順廠附近拍攝昆蟲，發現工廠附近一塊四公頃的土地呈現灰白色、周邊植被只有單一的芒草，他感覺不尋常，開始進行田野調查，發現除了原本四公頃的石灰汙泥棄置區、二．七六公頃的草叢外，周圍二十七公頃的魚塭、鄰近二等九號道路、鹿耳門溪和竹筏港溪底泥，都遭受汙染；還擴及台南安南區的顯宮里、鹿耳里和四草里。經環保署採樣後發現，土壤戴奧辛檢測值高達六百四十一萬皮克／皮脂肪，打破世界紀錄。

「安檢廠的管制很鬆散，我在田野調查時，在工廠一間房間，發現許多機密文件，其中一份是一九八一年由台灣省水汙染防治局發出，上頭寫著：蓄水池汞含量超標。顯見政府早就知情，卻直到二〇〇三年，才向居民坦承。」

他和台南社大研究員晁瑞光、許淑茹等人，開始到鹿耳門進行家戶調查，前面四、五年始終吃閉門羹。「在那個年代，受害者都以為，一定是上輩子做了虧心事，才會遭此不幸；加上擔心魚貨賣不出去、女兒嫁不掉、房地產價格下跌等，所以什麼都不願意說。我們到當地開座談會，還被居民包圍喊打；甚至有人懷疑，我是為了選舉或是升等。」

直到二〇〇四年有一天，鹿耳門里長林進成拿著一份血液報告向他求救，他才驚覺，居民血液中戴奧辛濃度超過一般值數十倍，其中一位前安順廠楊姓女工，體內戴奧辛濃度高達九百五十皮克／皮脂肪，為「世界之最」。從那時候開始，他們就一點一滴訴說自身遭遇。

黃煥彰這輩子只哭過兩次，一次是在二仁溪旁、一次是為了受害者陳喊女士。「我去拜訪她時，她的臉很腫、一隻眼睛看不見、一隻腿已經截肢、手肘上全都是腫瘤。我問她為什麼不去開刀？她說已經開了七次，現在只有一個心願，就是有朝一日能夠去巡田。出來以後，我騎著機車，一路上淚水就是止不住。」

黃煥彰陪同受害居民，在二〇〇八年，向中石化、經濟部與台南市政府，提出三億四千多萬元的國賠。經過九年纏訟，台南高分院在二〇一七年八月十一日，判三百七十六位居民勝訴，中石化必須賠償一億九千多萬元。

遲來的正義，不是正義。九年間，走了五十多位居民。世紀之毒，更禍延三代。其中蘇姓一家，父親過世、母親臥床，蘇先生的兩個女兒，戴奧辛濃度分別為五十四和四十八皮克／皮脂肪；兒子娶媳婦時，親家先問：「戴奧辛多少？」他們父子只好謊稱，只有十二和八皮克／皮脂肪，「不這樣講，怎麼抱孫？」林姓一家，母親、妻子和兩兄弟，都是受害人，林先生和女兒始終注意控制飲食和作息。「我就怕誤了女兒的終身大事！」楊姓女工已經七十多歲，經常睡到半夜驚醒、藥吃到往往不記得吃了沒有，大半輩子都飽受病痛折磨。

從二〇〇五年開始，黃煥彰將注意力集中在爐渣汙染，前後檢舉了六、七十個場址，包括二〇〇九年震驚全台的「戴奧辛鴨」養雞場。

「我經常到大坪頂一帶找汙染源，在紅蝦山一處養鴨場圍籬上，發現有爐渣；在距離養鴨場不到一公里的駱駝山，看到空心菜葉上都是集塵灰。早期駱駝山是亂葬崗，後來被不法業者傾倒有毒工業廢棄物。」

事件爆發後，《華視》記者深入駱駝山，輕易在草叢邊發現包裝電弧爐集塵灰的太空包，現場無任何警告標誌，民眾還在挖廢鐵，打算拿出去販售。

資深媒體人呂國禎是當地人，立刻返鄉，前往養鴨場採訪。他發現養鴨場旁邊空地，佈滿金屬色的電爐渣和羊羹一樣的集塵灰；走近養鴨場一看，鴨毛、爐渣和集塵灰摻雜一地。「原來鴨子不是養在河邊、池塘，養鴨池也不是建在泥土上，而是蓋在一個超大型的爐渣、集塵灰掩埋場上！」

養鴨場主人姓蔡，向地主統一集團「借」地。呂國禎不解：「為何統一集團一毛錢都不收？」原來，因債權抵押，統一集團間接取得土地，卻因為長期被傾倒廢棄物，感到十分困擾。「一車三噸半的石爐渣和集塵灰，倒進山溝、池塘，就有三到五千元可賺。新厝村的紅蝦山和大坪頂，廣達兩千兩百多公頃的土地，於是成為台灣年產一百五十萬噸電弧爐渣的最佳去處之一。這麼多廢爐渣，一年得用超過四十萬輛卡車才載得完，利潤高達十幾億元。」

早在黃煥彰踢爆「毒鴨事件」前，新厝村就發生過著名的「白霧事件」。一九九九年，昭明國小新厝分校充斥燃燒塑膠和廢五金的味道，消防單位雖然將悶燒的火源撲滅，但新厝國小連續三天都籠罩在白霧裡。

台灣部分鋼鐵廠以廢鐵為材料，用電弧爐煉鋼，廢鐵帶有油漆或塑膠，未經高溫燃燒，會產生戴奧辛。集懸浮微粒而成的集塵灰，殘留在電弧爐中，含有重金屬。根據黃煥彰的報告，電弧爐渣中的鉻、鎳、銅、砷、鉛、鉻含量，都超過法定標準，鋅含量最高，為法定標準的四十一倍。

黃煥彰向環保署檢舉三年，不見動靜，於是發動民進黨立委林淑芬和黃淑英召開記者會。黃淑英擔心，政府三年不作為，恐怕有十萬隻毒鴨已流入市面？

報告出爐，證實養鴨場表土戴奧辛含量高達八十八點一皮克／皮脂肪，鴨子因為有啄土性，含量也達十一點二皮克／克脂肪，超過衛生署限值的二皮克／皮脂肪。環保署南區督導大隊迅速趕赴現場，阻擋第一批未熟齡鴨向外輸送；環保署則召開緊急會議，將九千多隻鴨全面收購、撲殺，送往焚化爐焚燒。

監察院一年後對環保署和工業局提出糾正，要求行政院通盤檢討爐渣廢棄物「再利用」等制度性問題，以免未來再發生不當「再利用」及非法棄置事件。

監察院的糾正案，無法讓台灣擺脫「廢棄物處理島」的命運。隨著農業發展沒落，農地、魚塭均淪為廢棄物棄置的場所。屏東崁頂農田被棄置數百個太空包、旗山大林里農地被回填至少一百噸中鋼轉爐石，就是明顯例證。

黃煥彰回顧，大林里遭回填的九筆農地，都位於高屏溪水質水量保護區內，原來是稻田、香蕉園和養豬場。一九九六年，收購工業廢棄物的業者，先鎖地、再承租，向下開挖二十公尺，挖出礫石高價販售，留下面積廣達五點二公頃的大坑，遇水形成深池潭，當地人戲稱為「大峽谷」。

二〇一三年五月底，居民發現一輛輛卡車進出，往大坑傾倒不明廢棄物。回填作業才開始，鄰近兩個村落六十幾戶居民只要路過，就會聞到一股腐臭味，附近水池甚至變成藍色、冒出泡泡。

環保署在二〇一一年早已通令，「產品」若因使用不當，造成環境汙染，各機關應督導辦理。時任衛生署長魏國彥二〇一四年十一月親自前往現地勘驗，測出地下水PH值高達十二的強鹼程度。

居民向高雄市政府環保局檢舉，環保局人員前往稽查，證實五筆農地均遭回填；但拖到九月、內政部限期六十天做出裁處即將屆滿前夕，才依《區域計畫法》開罰六萬元。

六萬元對業者來說，根本不痛不癢，以致回填作業繼續進行，造成另外四筆農地相繼淪陷。總計九筆農地遭回填九十九萬七千多噸轉爐石，以密度計算，體積為三十六萬餘立方米，要兩萬五千餘次卡車，才能載運完成。

「我看中鋼是吃了秤砣鐵了心，才一年多時間，就埋掉快要六公頃農地，還故意在表土層多填了三十公分，做出有犁田機犁過的假像。我到現場一看，立刻回去寫狀子，向高雄地檢署檢舉。」

居民組成「大林里反廢爐渣自救會」，與黃煥彰的台南社區大學、尊懷文教基金會聯手，展開七年的長期抗戰。抗爭對象有二，一是土地所有權人和業主；二是陳菊主政下的高雄市政府。

地主黃胤鴒出身屏東砂石世家，曾任高雄縣警察局少年隊刑事小隊長，退休後經營「建發」營造廠，兼砂石公會常務理事。他向媒體解釋，當初買下法拍農地，原本想要種電，後來發現洞太深，才會興起回填的念頭。

他也向法官坦承，如果以林務局土方回填，一噸成本大約兩百多元；但用中鋼轉爐渣，一噸成本才五塊錢。黃煥彰計算，土方成本將近兩億元，但用轉爐石回填，成本只要五百萬元；加上中聯另外支付每公噸兩百二十元的「推廣費」，使得價差高達每公噸兩百一十五元。

黃煥彰因此怒斥：「根據合約，中鋼付給萬大材料公司兩億三千元，根本倒貼，顯見轉爐石與產品定義不符，沒有經濟利益。中鋼難道不知道，轉爐石根本不該出現在水質水量保護區的農地上，既出現在不法之地，還滲出強鹼水和鐵質，汙染農地和水源，這不叫汙染、不是廢棄物？那什麼叫汙染？什麼是廢棄物？」

二〇一四年監察院對高雄市政府提出糾正，指高市府未能有效遏阻水質水量保護區農地，遭地主擴大回填，怠忽職守。環保局辯稱，轉爐石登記為「產品」，非「廢棄物」，只能根據《區域計畫法》開罰；地政局前後連續開罰十二次，累計金額為三百三十六萬元。

環保局甚至不惜以「非汙染行為人」身分，向行政法院提起訴訟，二〇一七年判決敗訴，高等行政法院當時就是引《廢棄物清理法》和《土壤及地下水汙染整治法》相關條文，要求市政府限令中聯公司、萬大公司、建發營造，三個月內清除完畢。高雄地院二〇一六年判業主四年徒刑、併科罰金三百萬元，也是用《廢棄物清理法》相關條文。等於高雄市政府一連被環團、監察院、地院和高等行政法院，打了四記耳光。

黃煥彰表示：「我們運氣好，碰上好法官，用歐盟《廢棄物框架指令》（Framework Directive，WFD），認定轉爐石為一般事業廢棄物，非煉鋼過程中最主要的產品，沒有明確經濟用途，任何再利用或回填行為，都不能對當地居民、水源、動物和植物造成傷害，自然不可對農村產生不可逆的影響。」

居民後來發現，被廢爐渣掩埋的農地有二十一塊，面積達七公頃，其中甚至包括：國有地、水利用地、農田水利會土地，地政局這才在二〇一四年三月將全案移送法辦。

即使高等行政法院已經做出裁決，但三年過去，高市府卻始終原地踏步。直到韓國瑜被罷免前三個月，環保局才審查通過業者所提出的「清理計劃書」，允許分三年清除。立意甚佳，卻緩不濟急；加上所挖出的轉爐石，將送往大寮「大發工業區」堆置，可能造成二次汙染。等陳其邁上台之後，先將原清理計劃廢除，改依《廢棄物清理法》，找產源事業中聯公司負責清理。這場長達七年的抗爭，總算露出曙光。

「如果環境犯罪，最後都被判無罪，未來只會愈做愈大。」台南學甲農地遭掩埋案，就是其中的顯例。

二〇一五年，學甲農地即曾遭四十萬噸爐渣掩埋，產出的七萬多噸「爐渣米」，差一點流入市面。涉案的「明祥馨」公司負責人郭再欽，被嘉義檢、調移送法辦，檢方卻以「合法再利用」、「爐渣可回填工業地」等理由，做出不起訴處分。立委陳椒華認為，當初台南市政府提供錯誤的資訊，才會誤導檢察官辦案。

雙方爭執點在於，環保局主張，爐渣為可再利用的產品；陳椒華卻提出經濟部在二〇一一年公布的「事業廢棄物再利用種類及管理方式」，明定不鏽鋼爐渣只限用於水泥原料或水泥製品原料，不能作為任何用地的填地材料。「難怪台南後壁、麻豆等多處農地，也被棄置不鏽鋼爐渣！」

陳椒樺估算，二〇一五年業者至少獲利數億元，環保局卻只開罰六千元，無異變相鼓勵不肖業者繼續為惡。五年後，果不其然，業者又在原址傾倒廢爐渣。

學甲區慈福里長李新進，從小在當地長大，父親是佃農。他十幾歲曾經當過農具機學徒，二十幾歲開店當老闆，沒多久北上五股開寢具店，直到四十多歲、父親往生後，才回到老家。縣市合併後，他受里民推舉，出馬參選里長，連選連任，到二〇二〇年為止，是第三任。

二〇一九年四月有一天，他在巡田的時候，發現馬姓地主隔壁的玉米株垂頭喪氣，快要死了一樣；尤其玉米田緊鄰被掩埋廢棄物的馬家舊址，懷疑玉米田遭受汙染，接下來恐怕影響自家稻田，因此直接在「里長業務聯席會議」上，向環保局檢舉。

環保局回函，聲稱「明祥馨」已易手他人，爐渣也已清除完畢；接手的「立德鑫」

公司，二〇一九年提出的變更計畫，內容是可再利用的「粒料」，李新進是不是搞錯了？否則根據他們查核，遭檢舉的「私人農地」上，雜草叢生，並無掩埋爐渣情事，更遑論汙染農地？

李新進接到回函，氣得直接把相片、資料寄給檢、調單位，正式提出控告。

檢方在二〇一九年七月二十八日，先指派「保七總隊」現勘，並對李新進製作筆錄；十一月二十一日，檢察官親自到現場勘查。李新進趁檢察官在場，又當面舉發其他工業區有同樣情形。「環保局竟然跟檢察官說，在工業區掩埋爐渣不要緊，所以檢察官看完農地之後，就沒有前往工業區。」

李新進檢舉的工業區「興業段」土地，多達十四個地號；另外還有「大灣段」農地四筆、池塘三座。

他把資料同步寄給黃煥彰，黃煥彰看完之後大吃一驚：「這是真的、還是假的？」根據他搜尋goole earth的歷史資料發現，從二〇〇四到二〇一九年間，興業段的地貌發生很大的改變。二〇〇四到二〇〇八年，整個區域都還是素地，但是在二〇一二、二〇一四和二〇一六年，出現掩埋行為；二〇一七年土地上冒出一棟廠房，顯然「明祥馨」將六千坪土地回填後，作為工廠出售。

陳椒華查出，遭掩埋的土地，甚至包含公有地在內。

檢方在二〇二〇年三月十七日前往開挖，挖出來的是不鏽鋼渣、不是可再利用的粒料。十月中二度開挖，直到四米深處，才現出原生土壤；也就是說，表土層以下四米，到底埋了些什麼，尚無法一一釐清。

台南市長黃偉哲第一時間懷疑，有人故意舊案重提，意圖進行政治操作；陳椒華反擊，李新進早在二〇一九年四月提出檢舉，進一年半來，環保局不僅未開出罰單，也未要求立刻清除。直到二〇二〇年十月，首次裁罰七萬兩千萬元，與業者不法利得兩億元相比，不過零頭而已。

李新進在記者會上爆料，他檢舉的工業區土地，係由全程興等多家業者，透過友人向彰銀等金融機構貸款，金額高達數億元，先買斷土地，開挖土石出售賺一筆、再收錢掩埋廢棄物又賺一筆，等賺了錢之後，再還給銀行，等於大做無本生意。

李新進更直接挑戰市長黃偉哲，指郭再欽是民進黨的中執委、高雄市政府顧問、台南市黨部財務長，黨政關係良好，「市長，你敢不敢查？」

李新進七十多歲，一個人住在偌大的「李家祠堂」，他不諱言，還是會害怕。「黑衣人有來巡邏，直到我在服務處加裝四支監視器後，就沒有再出現。檢舉函我已寄出，不幹到底不行，這是公共利益，與民眾食安有關！」

黃煥彰感嘆，環境犯罪「假再利用、真掩埋」賺取暴利，最後沒事；藝人丁小芹不過「假貨、真賣」，賺了十六萬元，卻得入監服刑兩年六個月，台灣難道是環境犯罪的天堂？

黃煥彰與陳永和里長聯手出擊，促使黃偉哲在上任市長一個月後，宣布將龍崎掩埋場所在「龍崎埡地」，指定為暫定自然地景，勒令環保公司停工，暫時終結超過十年的廢棄物掩埋場開發爭議。居民振奮、廠商錯愕，國賠官司有得打。

龍崎里長陳永和永遠記得二〇二二年十月十七日這一天，徹底改變了他的一生。

龍崎被傾倒廢棄物一案，由居民向陳永和檢舉，他的首場戰役是里民大會，將與龍崎之外的其他七個里，共同決定未來。事前，他先請田秋堇委員到工業局調資料，確認龍崎埡地遭「全國整體特殊有害事業廢棄物綜合處理中心」掩埋有毒廢棄物，「別想用『特殊』兩個字掩蓋一切，光是想到有毒廢棄物，埋在二仁溪上游，就感到嚴重！」

五月十八日，業者在「龍崎兵工廠」召開說明會後，區長建議賴清德市長召開里民大會，由八個里的里民表決，市長同意。「怎麼可以這樣！廢棄物埋在我家，市長卻去問鄰居，如果誰贊成、乾脆拿到誰家好了！」

陳永和知道，他並非龍崎里里民，前往踢館，一定會被請出去，所以在里民大會召開前一天，趁著午休之前，偷偷跑去「龍崎戶政事務所」遷戶口。當他在里民大會上大鳴大放，遇到「社區發展協會」挑戰時，二話不說，當場出示身分證，令對方傻眼。

別小看人民的力量！經大會表決，一百多人之中，只有五票贊成開發。雖然半年後，業者強力運作，氣勢驚人，最後還是不敵民意，敗陣下來。

陳永和因此當選里長、甚至在業者已取得四張執照、眼見就要取得建照之前，辭去里長，全面抗爭。

二〇一八年台南市市長選舉，陳永和拿下十一萬的第三高票，跌破眾人眼鏡。雖然他連兩百萬保證金都拿不回來，但「陳永和啟示錄」，足以令當權者警惕。

去腐

研究員吳佩蓉促進東廠轉型正義

前促轉會副研究員吳佩蓉揭發「東廠事件」，衝撞的不僅是個人，還包括轉型正義的手法與路線，富含深意。

吳佩蓉注定是要打這場仗的。她在「美麗島搖籃」長大，老家就在高雄市中山路和大同路口——《美麗島雜誌社》附近，父親是施明德、黃信介演講場上的常客；從小家裡訂閱《民眾日報》；兒時看到黑名單被遞解出境，心生疑惑；「柯媽媽」柯蔡玉瓊為兒子抗爭七年，貫穿她高中、大學時期；「萬年國會」特有產物——點滴、尿袋、輪椅、表決部隊，深印她腦海。

所以，她去讀了歷史——成大歷史系、清華大學歷史研究所；在立法院當了四年半的國會助理，跟過林佳龍、陳其邁和鄭麗君；陳其邁還用她兩次。這不難解釋，當她看到促轉會徵人，立刻前往面試，進而為後來的抗爭埋下伏筆。

「促轉會」二〇一八年五月三十一日成立，八月二十四日爆發「東廠事件」，九月十二日吳佩蓉請辭，中間不過短短三個月，對她來說，猶如進行一場有預謀的革命。

幾件事衝擊到她。首先，主委黃煌權權力被架空，重要公文在副主委張天欽和主秘許君如那關就被擋下來，直到他上任一、兩個月、要前往主計總處報告預算時，才驚覺自己什麼都看不到。「有一次發新聞稿，我問張副主委，要不要先給主委看過？他說不要，先發出去，事後再給他看。」吳佩蓉打從一開始，就知道主委沒有行政權。

她對張天欽的行事作風和行政能力，頗有微詞。「他雖然當過陸委會副主委，也做過葉菊蘭交通部長的顧問，但他在官場畢竟待得不久，對兩岸情勢掌握不夠，為人也有爭議，開口閉口說他跟小英（蔡英文）關係多好，促轉會預算也是靠他和主計長的關係，才要來的……」

對於「促轉會」經費拮据，張天欽在台北市自己有房子，卻還要申請官舍；舉凡家具、家電，幾乎以促轉會業務費支付；甚至還支使同仁在上班時間到官舍打點，公私不分，把公務員當成自家員工在用，令她感到憤怒。

就情感面，吳佩蓉顯然偏袒黃煌雄，可由黃煌雄前往圓山飯店參加黃信介紀念音樂會，吳佩蓉擔心他招惹政治爭議，建議他不要去；他還是去了，吳佩蓉則跑上跑下，再三叮嚀：「如果在現場，你看到有人穿政治背心，就把稿子交給女兒唸。」

但刺激她起而行動的，還是張天欽要搞《除垢法》。

張天欽在二〇一八年八月二十一日早上八點十五分，接受《寶島新聲》主持人簡余晏的專訪，除了主張清除蔣介石銅像，還因為身兼「司法平復不法」組召集人，打算推動《除垢法》。

他在節目中說：「促轉條例用很少的文字，談到『人事清查』制度……，中、東歐國家的人事清查很單純，主要針對曾經任職情治或司法系統，監督、監視、執行羈押、洗腦、集中營等團體清查，……台灣自一九九二年到現在，已經二十六年，一九四七年有『二二八事件』、一九五〇年代白色恐怖案件最多，不管司法或行政判決，法官、軍事檢察官，都有留名字，要查並不困難，除非用假名。（促轉條例）白紙黑字要我們推動規劃……」

張天欽分析，捷克對「加害體系」窮追不捨，斯洛伐克比較寬鬆，波蘭介於中間。

因為有很大光譜可以參照，所以他才急著跟國外學者建立網路，希望能找出適合台灣的光譜。未來連告密者，都規劃其中。

張天欽很明顯想比照東歐前共產國家實行《除垢法》，針對二二八或白色恐怖的加害者，如當時的檢察官、法官或警總等情治機關人員，認定身分後，進行責任的追究。

促轉委員尤伯祥也對外證實，促轉會推動的「威權統治時期人事清查處置及相關救濟程序的研究」，即涉及除垢，但研究只是起步，未來還得靠行政和立法支持，才能落實責任的追究。

捷克是最早制定《除垢法》的國家，一九九一年十月立法，禁止曾與情治單位和作者，擔任政府特定職務。捷克「憲法法院」基本上支持，除了部分條文因違反平等原則而違憲之外。

波蘭一九九七年通過《除垢法》，不傾向清洗過去共產時期擔任黨內或政府特定職務的人，希望揭露歷史真相，發揮轉型正義功能。波蘭法院主張，法律不該以報復為目的，正當程序、獨立審判、自我辯護等基本權利，對所有人都適用。

八月二十四日，吳佩蓉打上「張天欽」三個字，立刻跳出侯友宜相關新聞，涉及多年前他在拘提鄭南榕行動中所扮演的角色。吳佩蓉將新聞貼上「輿情小組」，沒多久就接到張天欽的電話，要她去開會。張天欽問：「為什麼會跑出侯友宜的新聞？還提到《除垢法》？」他洋洋得意地說：「《中評社》很厲害，馬上問我什麼意思？」

當時張天欽還受到一件事情的鼓舞，就是以假身分在美國居住多年的九十五歲高齡納粹集中營警衛帕利（Jakie Palij），八月二十一日被美國遣送回德國。簡余晏在訪問時提及，張天欽頗有一種「有為者亦若是」的感觸。

中間有個插曲。黃煌雄在八月二十三日，接受另一家廣播電台的專訪，通告在一、兩個禮拜前就已排定，黃煌雄並不知道，張天欽在他之前接受《寶島新聲》的專訪，並無與他互別苗頭的意思。

黃煌雄在節目一開始，就被問到有關《除垢法》的問題，他的回答不置可否：「我看了一些資料，不同國家對於轉型正義最大的困惑在於，到底是走向南非『和解的想像』、還是『德國的具象』，是很大的挑戰！」他認為，「促轉條例」屬於後者，與南非揭露檔案、還原真相、尋求和解的作法，出現矛盾與不連續的情形，他會廣泛聽取各界意見，但勢必會有一場拔河。

張天欽在吳佩蓉的錄音檔中，對於黃煌雄的發言反應激烈。「主委幫我們定調，我覺得很不爽，我絕對會把他翻案。我們應該走向南非的和解、而不是德國的究責？法條白紙黑字不都寫了，還什麼混種、亂混的，促轉會不接受這套，至少我副主委不接受這套，該怎麼做、就怎麼做，人死了當然沒辦法處理，對啊，那你沒死的……，那叫什麼轉型正義！」

張天欽以侯友宜試法，技巧性不提侯友宜個案，而是探討類似情形，如果發生在A、B、C等國家，會怎樣？「那種間接影射的話最可怕了，殺傷力最強！」

「至少我子彈先準備好了，……就好像那天有人發文說，最後一個被打死從東德跑到西德的，被判了三年半、還是多久？那個法官就說，指示是要你開槍，但你可以提高，讓他打不到啊！」

「『他』是轉型正義最惡劣的例子，比那個寫得還糟糕……，（侯）一開始就說去救援的，完全沒有悔意嘛！對不對？我沒有直接批他啊！我一定要有例子，你看那法官講得多好，對，你是接受命令，但是你難道就不能提高〇．五公分嗎？提高就打不到了嘛！明明就是要他死嘛！……」「不管是不是侯友宜涉及的，我絕對是帶著鋼盔上了。」

接下來，張天欽囑咐同仁開始找資料，從各國找出像侯友宜這樣的例子。

張天欽重複說的那個典故，出自「柏林圍牆守衛案」，正確的說法是：「誰都擁有把槍口抬高一公分的主權。」柏林圍牆倒塌前的一個冬夜，剛滿二十歲的克利斯和好友高定，想翻過柏林圍牆尋求自由，頓時槍聲大作，劃過克利斯的胸膛，使他成為柏林圍牆倒塌前最後一個遇難者。射殺他的東德衛兵英格，九個月後、一九九一年九月，在柏林法庭受審，他的律師辯稱，衛兵執行上級命令，沒有選擇的權利；但是法官卻不這麼認為，他說：「身為警察，不執行上級命令，或許有罪；但打不準，可以無罪。你有把槍口抬高一厘米的權利……。」最後英格被判三年半徒刑，不得假釋。

吳佩蓉不認識侯友宜，「他的角色是可以討論的，但不能先畫靶、再射箭，這在史料研究方法上是不對的！要追、就往上追，他只是不經思考執行命令。」

「他們還打算建立加害者的資料庫，把法官、檢察官都列入，這樣下去沒完沒了！」

「要查是誰告密，就必須先進行蒐證，促轉會成立的目的，就是要調查真相；況且，以前很多資料造假，有些人可能因此受到誣陷，需要充分比對。在這些工作都還沒有做之前，就要比照東歐模式除垢，這是違憲的！」

按照吳佩蓉的邏輯往上追，當時侯友宜不過是台北市中山分局的刑事組長，他的上面還有分局長、局長、警政署長、內政部長、行政院長和總統；而且，拘票還是高檢署發的。

真相是什麼？

前中山分局民權派出所員警高仁和，當時人就在現場。「民國七十八年四月六日、行動前一晚，長官要我們在所裡待命，凌晨三點要去取締三溫暖。我覺得奇怪，為什麼取締三溫暖，要全員動員？而且要我們走路？當時指揮官是分局長王郡，等人都到齊後，他才吐實，是為執行高檢署簽發的拘票，要去拘提鄭南榕。根據情資顯示，現場有汽油等易燃物，他要我們保護好自己，不要受傷。」

「清晨五、六點鐘，我們走進五百五十巷內，發現三樓左、右兩個房間打通，二、三、四樓安全梯被鐵門堵死，三樓電梯口還有一道鐵門。剛到沒幾分鐘，立刻聽到兩聲可怕的爆炸聲，接著，就聽到哀嚎聲。我的責任區在後巷，當我從防火巷跑到前面一看，簡直嚇死，火勢往窗外延燒，冒出濃濃的黑煙。同仁一邊哀號、一邊從樓上下來，慌亂中，三組的鄧姓長官腿被踩斷，一位消防弟兄臉被燒焦，還有將近十人在三樓待援。」

「消防車進不來，消防隊只好拿樓梯攀接，把人救下來。鄭南榕的女兒鄭竹梅和前桃園縣議員吳寶玉，是我抱下來的。陪同唱拘提票的里長，從樓上摔下來昏迷，連同其餘受傷的十幾人，一起被送往醫院。」

「鄭南榕在三樓另一邊，黑黑的一片，等人通通下來以後，其中兩、三個人喊：『Nylon（鄭南榕的英文名）在裡面、Nylon在裡面！』長官吩咐我和學長上去，保護鄭先生的大體，不讓任何人接近。鄭南榕躺在我視線四十五度角的地方，雙手握拳、牙齒外露，身體呈現咖啡色。」

「樓下民眾愈聚愈多，不停叫嚣：『剛剛他還是粉紅色的，又把他燒一遍！』緊接著就聽到員警喊著：『快快快！從二樓往三樓退！』後來三樓也守不住了，我們就往四樓退。三、四十個人擠在一間房子裡，侯友宜也在裡面。沒水、沒電、無法與外界聯繫。樓下民眾開始鼓譟，說要放火燒，我們只有面面相覷。就這麼，我們從中午十二點到隔天凌晨兩點，受困在內長達十四個小時。那年我才二十幾歲，從來沒有這麼恐懼過。」

葉海瑞時任特勤中隊霹靂小組中隊長，接到通報後趕往封鎖現場，「現場封鎖，沒有人進得去，怎麼有可能二次焚燒？現場反而有人要打我們、還說要放火燒我們！」

葉海瑞常想，鄭南榕如果在士林分局轄區，或許侯友宜就不會碰到這個勤務。「當時他不過是個中階警官，上頭有分局長和局長；霹靂小組和消防分隊的分隊長也都在。我們不可能抗命！就算當時民進黨執政，要我們逮捕侯友宜，我們也會抓他！」

《新新聞》周刊記者陳敏鳳在一九八九年四月鄭南榕殉道後，專訪鄭南榕遺孀葉菊蘭。當時她表示：「一九八七年鄭南榕出獄後，有一次曾經告訴我，他很討厭台灣政治人物的投機、軟弱和妥協，他很想有一天到總統府前，淋一桶汽油在身上，一把火燒了自己，看看台灣人是不是還仍舊這麼痲痺？」因此，當他在辦公室裡放置汽油時，她心裡明白，她的丈夫決意要自焚。

「我常常很想把那三桶汽油拿走，但是我做不出來，事實上，拿走也沒用，他可以再裝。有一次我跟南榕說：『那東西好臭，拿出去好不好？』他回答說：『不行，你不能動它們！』」

「今年（一九八九年）二月下旬，我實在受不了，一連幾個晚上都睡不著，找了好幾個人談，雖然我了解他的想法、也應該成全他，但是作為他的妻子，我有權利阻止他，挽回他的生命。」

除了陳永興之外，李勝雄、黃華、盧修一等人都曾去勸過他；盧修一則和鄭南榕爭辯過半個小時。盧修一對他說：「你為什麼不考慮把戰線從《時代》雜誌延伸到社會、法庭、甚或是監獄呢？」鄭南榕回答他說：「這是個人的理念問題，我相信我抗拒國民黨這種強制拘提的方式，我死了，不會只是犧牲，後面的影響，意義會非常重大。」

鄭南榕決定自囚於雜誌社，他告訴葉菊蘭說，決定不回家了，就住在雜誌社裡，和國民黨長期對抗。葉菊蘭除了常常帶著女兒鄭竹梅去找他，希望用親情打動他，還特地去學習滅火的方式，四月五日事先在雜誌社還預習過一次。

《新新聞》周刊記者吳俊彥事後訪問侯友宜，還原事情經過。侯友宜指出，當天早上七點半勤前教育前，只有他和分局長王郡兩個人知道要拘提鄭南榕。刑事組出動二十八人，另外消防大隊、霹靂小組、管區民權二派出所支援，人數不會超過兩百人，沒有外傳那麼多；進到大樓的只有十幾個人。刑事組由鄧巡官帶著消防大隊、霹靂小組及蒐證人員步行上去。

「我們早有情報說，鄭南榕有汽油彈，所以請消防大隊支援，必要時將鐵柵門燒斷。張主管念了兩次拘票，裡面除了傳出很大聲的音樂外，沒有其他的反應，過了一會兒，裡面向二樓上三樓的樓梯丟出了汽油彈，我們消大同仁站在最前面，沒有穿石綿衣，所以受傷最重，兩位拿ENG及照相機蒐證的同仁，閃躲不及受到灼傷，站在隊伍後段的鄧巡官，被前排的同仁擠壓而踩斷了腿。很慘！消大的莫警官整個臉被燒成那樣子，在官校時，他可是有名的帥哥。」

「在家屬沒有完成認領屍體的手續之前，我們有責任保護鄭南榕的屍體，所以留了兩位同仁在三樓現場看守，其餘的都撤到四樓待命，以免與情緒激動的民眾發生不必要的衝突。那時候巷子裡有一百多位民眾，我們四、五十個人要強行撤退一點也不難，我只是不想這麼做。四樓是南山人壽的員工宿舍，我們臨時向他們商借。」

「我很不想接這樣的案子，但身為警察，只有服從命令。」

侯友宜二〇一八年參選新北市長，五月十日「盧修一與他的時代」影像紀念專輯出版，內附一張「侯友宜」的照片，指他在一九八九年八月二十七日執行遞解海外黑名單「世台會」總幹事羅益世、「台獨聯盟」美國本部中央委員蔡正隆出境任務時，對盧修一車內強灌催淚瓦斯、噴辣椒水、還把人當豬扛。

葉海瑞還原現場，首先他澄清，照片中那個留鬍子的人，不是侯友宜。「侯友宜從來沒留過鬍子，而且那個人比他胖多了。我確定不是他！我在中山分局當刑事組副組長時，他是組長。如果照片是那天拍的，離我調特勤中隊霹靂小組不到半年，他不可能胖那麼多！當時他在現場，不過負責外圍區安全。指揮官是刑警大隊技正薛啟芳。他在行前會議上，只說要逮捕偷渡客，沒說黑名單。我們霹靂小組負責逮捕，由刑警送去機場。」

「我們早上開始埋伏，沒有狀況；後來盧修一開車過來，車裡坐了兩個人。我帶隊把車子圍起來，還好車子沒有發動，我的同事趕快拿紅蘿蔔，把車子汽缸塞住；接著請他們出來。三個人不願意，我就到駕駛座旁，要盧修一把車窗搖下一點。他一放下來，我就用雙手扒住，隊員陳明勇這時候拿出防狼噴霧器，往車裡噴，盧修一受不了，於是把車門打開，同事們一擁而上，把他們帶上偵防車，直奔機場，遞解出境。薛啟芳囑咐我們必須和平收場，所以現場根本沒有噴催淚瓦斯，我們也沒有戴防毒面具，手上沒有任何武器。報導說，現場有催淚瓦斯，那是不在現場的人亂蓋！」

《蔡正隆博士紀念文集》中，描述了這段過程，雖然沒有提到侯友宜，但有些許出入。「他終於領受到國民黨暴力的滋味，他和羅益世坐在盧修一教授的車裡，正準備前往一場與學生對談的座談會途中，被一群霹靂小組和便衣警察團團圍住，在『瓦斯槍』和暴力的襲擊下，被抓進警車，押上飛機，遣返美國。待飛機抵達舊金山時，他的身上除了一張駕駛執照和因為抗拒被捕受到的傷痕外，什麼也沒有。」

吳佩蓉認為，張天欽不只開一次會，就是想操作《除垢法》議題。她建議不要這麼做，立法院會反彈，可是與會者卻愈講愈激烈。

張天欽說，民進黨每位立委都會問這個問題，「我們準備例子，民進黨立委每人餵威權題，讓議會變成一個promotional（促進）的，促轉會、內政委員、中選會，都會燒的。」

「委外研究預算可能會被大砍！」吳佩蓉不放棄，換個方式勸說；主秘許君如回答她：那更要跟民進黨立委溝通。「有投票權的，就是那八個。開議期間，要有委員當我們的側翼。」研究員蕭吉男不解：「委員是指？」張天欽回答：「民進黨那八個。」「社會大眾對『促轉』這兩個字，根本沒有感覺，這就是促轉會最大的失敗，如果為了主張正義，而被砍預算，我心甘情願。」蕭吉男一旁敲邊鼓：「再怎麼野蠻，也不能砍正義，我們要操作那種意象，強化正義形象很重要，我們現在正義是一隻腳奠基在東廠，本來是西廠和南廠，現在變東廠。」張天欽笑著附和：「我們本來是南廠，現在變西廠，後來升格變東廠。」

副研究員張世岳強調：「現在還有選舉考量，用字一定要更辛辣！」

吳佩蓉不在意「東廠」說，認為他們是在開玩笑；她希望透過立法委員質詢，擋下《除垢法》。於是將打好的逐字稿，提供朋友參考。

吳佩蓉並非一時興起，她事前再三確認過。就在會議結束後隔兩天，她發現同事又離開座位，就懷疑張天欽又私下召集會議。她偷偷跟下去看，果然，他們正閉門密會。當她知道張天欽是玩真的，決定出來擋火車。

立法院朋友回覆她，立法院才剛剛開議，如果要談，可能得等到十月。「但是媒體想做，妳可不可把文稿給他們？」吳佩蓉答應了，給了三分之二。當時《鏡周刊》成立不久，報導前，一併跟她要了錄音檔。吳佩蓉以為記者為了取信長官，於是就給了。

她並非刻意竊錄，平常大、小會議，她就有錄音的習慣。會議開始，她就按下iphone手機錄音鍵，再往口袋一塞。至於大型會議，兩、三支手機，就擺在主委旁邊。她雖然沒有錄到後半段，但對媒體已經足夠。當天晚上，她邊聽、邊打字，全身都在發抖。

禮拜一，《鏡周刊》開始查證，張天欽矢口否認；第二天逐字稿都出來了，他還是不承認，以為撐個幾天，就過去了，也沒有對吳佩蓉起疑心。

《鏡周刊》通知吳佩蓉，打算丟出錄音檔。「可以不要嗎？」吳佩蓉哀求。「那下一步，他有可能告我們！」「等他告的時候，你們上法庭再播？」沒想到，《鏡周刊》隔天早上八點多，就原音重現。

吳佩蓉感到既失望、又震撼。失望的是，媒體焦點全落在「東廠」，而非《除垢法》；震撼的是，同事曾建元被懷疑是洩密者，讓她承受很大的道德衝擊。「我可以一直裝傻，雖然最後可能還是會被查到，但我只要直接上法庭，就不會曝光。」但當想到，如果她不出面，其他人通通會被當成嫌疑犯。她既然做了，就勇敢站出來！

她決定辭職，立刻擬聲明稿，邊寫、邊哭。上班時間一到，就貼上群組。

當時距離選舉只剩兩個月，對民進黨選情衝擊不可謂不大，即使第一時間黃煌雄、張天欽、蕭吉男、張世岳陸續請辭，許君如也請調回陸委會，行政院長賴清德道歉、總統蔡英文發表嚴厲聲明，但輿論撻伐，監察院彈劾，剛成立才三個月的「促轉會」，可說「壯志未酬，身先死！」

吳佩蓉喜歡看書，知道吹哨人下場悲慘。「所有人都會質疑你的職場倫理，很難再找到工作。」她面臨同樣困境，「東廠事件」爆發兩年，她一直賦閒在家。

不過，她不後悔。這只是開始，不是結束。

對決

最強吹哨人張晉源的逆襲

金融史上最戲劇化的一次吹哨，是前永豐銀行總經理張晉源與何壽川對決，將何打入大牢。

若將他與永豐金之間的對決，形容成一場戰役，則他擊鼓鳴槍，既為了捍衛自己的價值觀，也是為父親而戰。

張晉源從小在桃園眷村長大，他的許多價值觀，源自於父親的身教與言教。父親告誡他：「寧可餓死，也不做賊！」父子兩人都身體力行。

有一天，一位陌生人貿然從南部北上，帶來一盒水果，張晉源父親回家後打開一看，發現裡面藏了現金，連夜請傳令兵原封不動送回去。

張晉源的名字，讓人清楚知道，他的祖籍山西，原本家境優渥，張父卻因為眼見日本打進了東三省，而投筆從戎。之後因為父親過世，為了回家祭拜而被抓進日本憲兵隊的大牢，在嚴刑拷打的折磨後逃離監獄。

張晉源對父親身上被刑求留下的傷疤，印象深刻，知道父親為了保家衛國，連命都可以不要。因此他告訴自己，此生絕不令老父蒙羞。

他自英國艾賽克斯大學取得財經碩士後返國，先在日盛證券待了四、五年，因為資本市場蓬勃，創下不錯業績，因此年紀輕輕不到四十歲，就萌生退休的打算，即使後來他高居永豐銀總經理之位，也以三年為期，毫不戀棧。

他最有名的一場戰役，是二〇〇三年在韓國KGI總經理任內，與韓國工會對峙。他不願意屈從外部的產業工會，忽視個別公司差異所開出諸多的不合理條件，當工會在外部產業工運的指揮與大軍支援下，把公司團團圍住，並且用鐵鍊把大門鍊住之際，張將大樓淨空，一個人留在辦公室，困守長達十個小時，直到晚上十一點，他自己打開辦公室的門，坐在地上，主動面對包圍，像個即將被綁赴刑場的死刑犯，要了一根菸抽，等到將近三百名鎮暴部隊把玻璃門砸碎，將他平安送回家。進了家門以後，他也只是輕描淡寫對妻子說：「今天晚上我在公司加班。」

他有眷村子弟的義氣，不僅原諒違法挾持的工會幹部，還倒過頭保釋他們。工會在寒冬中抗爭，員工建議他把暖氣關掉，他們自然會走，他覺得勝之不武，非但沒有這樣做，還送消夜給他們吃。當知道罷工領不到薪水，在辜家二少辜仲瑩的支持下，他加發一個月秋收獎金，要他們回家好好過年，等過完年再回來繼續抗爭。過完年後，抗爭也就隨之落幕。

他在韓國前後待了四年半，在辜仲瑩收購中華開發之際，返台協助，股東會開完之後，他跟辜仲瑩說，他想要回台灣。「小孩讀的是英國學校，不識中文，我怕他以後無法欣賞李白和杜甫的詩。」

開發工銀新任總經理曹為實，主導大華證券吃下萬泰銀行七十億元的「次順位債」，當時大華獲利業界第一，年終獎金十個月，身為董事，他反對無效，又無法坐視不當決策拖垮公司，率爾丟出辭呈。後來果然出事，大華證券董事長蕭子昂還被拖累遭金管會停職三個月。

他去永豐金純屬意外。二〇〇四年凱基對開發金控發起控制權大戰，當時同事說永豐餘已經談好支持，請他去拿委託書，到了現場才發現對方根本不願意給，他以退為進，提醒何壽川身邊的人：「反正沒有永豐餘的〇．五％，中華開發照樣拿定，辜家兵強馬壯，拿下之後，永豐餘恐怕再無合作機會，屆時連一席董事都沒有，老闆可能怪你。委託書算我個人欠你人情，我想你們六個月後也有金控大戰要打，到時候可以找我幫忙。」就這樣，六個月後，永豐餘果然請他協助建華金控的戰役（後改名永豐金控）。也種下三年後，張晉源加入永豐金控的因緣。

就像關羽入了曹操的帳下，張晉源到了永豐金，表現同樣威猛。他的首場戰役是，在何壽川的北商銀結合盧正昕的華信銀行團隊，擠走建弘證券洪敏弘，招牌換成「永豐」以後，協助何壽川一統江山，取得絕對的權力。

他刻意選擇二〇〇七年「九一一」那天走馬上任，是為了隨時提醒自己戒慎恐懼。因為他曾經在首爾見過金融風暴導致國家破產的可怕，當時南韓產金不分離，大財閥掌控金融機構，卻違法大搞利益輸送的關係人交易。少數人惡搞，但是出事後，卻引發連鎖性的國家災難，大量企業倒閉，大批中年人失業，每天拎著公事包假裝上班，其實耗在公園一天；甚至有人熬不過去，走上絕路。有一天，他帶家人在餐廳用餐，正起身結帳，立刻有人坐到他們的位子上，吃剩下的飯菜，這一幕令他感覺痛苦，也受到震撼。

二〇〇八年台灣面臨金融海嘯，他發現公司有鉅額的不當投資，由花旗、匯豐等大型國際銀行設立的信用結構式套利基金ＳＩＶ，問題嚴重，他向何壽川預警，盡快出清認賠，何未能立即採取行動，最後一百五十億元血本無歸。

他研判災情會擴及美國子行，建議何壽川趕快處理美國銀行，海外子行卻報告說公司好得很，幾個月後，銀行果然虧得一塌糊塗，美國政府準備接管，要他們緊急增資七十幾億元，否則就關門大吉。

他到香港分行，看到架上擺著紙上公司GVEC發行連動死亡保單的金融商品，拿簡介一看，發現竟是吸金的詐財商品，當場質問：「你們怎麼可以賣這種商品？」同仁起初極力辯解，但說著、說著發現問題真的很嚴重，就哭了。他強力建議將二十億元商品即刻下架，並想辦法將先前銷售的六十億元追回來，先期追回十億元，未料年紀輕輕的「台版馬多夫」彭日成，竟然心臟病突發在美國身亡，近兩萬名投資人、六家銀行受到波及，損失金額高達二百五十億元，其中永豐銀包辦五十億元。

一連三次重大損害，永豐金在重創下岌岌可危，何壽川決心整頓。他與何壽川素無淵源，但彼此信任，何壽川之所以同意他的建議，信任基礎來自於張晉源所展現的專業。

為了使公司利益極大化，張晉源開始主導中國策略，從發行第一檔台資企業點心債、建構兩岸匯款平台「人民幣一日通」、參與大陸銀行間債券交易、拿到全台灣第一張大陸全資銀行執照、取得第一張股權過半的證券門票，直到世界第一大銀行中國工商銀行宣佈參股永豐銀行百分之二十股權，張晉源不僅讓永豐金在中國取得先機，也讓何壽川站上歷史高峰。

拿中國工商銀行參股永豐金來說，若非服貿卡關，其效益足可令永豐金媲美富邦。

在那六年間，張晉源與何壽川飛北京、上海及出國的次數，數也數不清。在何壽川面前，他無須唯唯諾諾，有話直說，他們經常分享人生道理，張也勸何脾氣不要那麼壞，對身邊人好一點。最高紀錄，他一次講了四個小時，何壽川仍專心聽張晉源做分析，一整天下來，都不覺得累。所以張晉源不相信，何壽川會亂七八糟。

他接手銀行總經理，原本規劃做完三年改革後走人，但是一年後，他卻沒有避開人生的一場風暴。

二〇一六年，鼎興牙材公司在七月二十日跳票，金額大約五億元。當時永豐金控總資產為一．六兆元，五億元不過九牛一毛，沒有引發他的恐慌；不過對於整起事件，他依直覺判斷，是一起詐騙案。他要求法遵進行調查，並將訊息同步轉達何壽川、何奕達父子。結果，何壽川要負責董事利害關係人申報業務的董事會主秘，好好詳查他們與何家有沒有關係？具法律專業深受何壽川長年倚重的主秘，都沒有發現問題，因此他壓根兒沒想到，鼎興負責人何宗英，竟是何家的親戚。

有主管私下向他表示，何家經常來催鼎興的案子，他詢問鼎興是否為銀行利害關係人？當時的答案都說不是，他鬆了一口氣，因為那就不違反《銀行法》；但是，當他進一步請人調查，鼎興是否為「實質利害關係人」？信發出去，卻遲遲沒有回應。

對於何家私底下經常跟催鼎興授信案的說法，讓他內心開始感覺不安，但是上網搜尋，當時鼎興老闆何宗英的妻子何顏媛美的名字，並未出現在基隆顏家的子女名單中。由於傳言不斷，於是他要求從相關身分證上父、母欄，進一步比對，赫然發現，鼎興貿易董事何顏媛美是何政廷兒子、銀行董事何宗達的阿姨，屬於三等血親，因此鼎興是受法律規範的銀行利關人；而銀行一直以何宗英的身分去調查，因為姨丈屬於不受《銀行法》限制的三等姻親，因此沒有查到鼎興真實的利害關係人身分。

根據《銀行法》規定，銀行不得對利害關係人提供無擔保授信，超過一億元以上，還得經董事會「重度決」同意；若違法造成公司損失，屬於十年以上的重罪。何宗達身為董事，其父親何政廷又經常替鼎興出頭關切貸款，他竟然不依法申報這層關係。鼎興倒帳三十八億元的貸款，以永豐銀和華南銀最傷，林明成娶了顏家女兒顏絢美，也存在姻親關係。

張晉源認為銀行必須主動自律，因此立刻做了兩個動作。第一，立即向金管會通報；第二，帶主管找何壽川報告。

當著何壽川的面，他直指公司治理有問題，倒帳就得還錢，他們必須趕快還，以免造成公司的損失。至於沒有事先發現其利害關係人交易的行政疏失，由他來扛。何壽川有一點不高興，冷冷冒出一句：「事情這樣處理，對董事不公平！」何說會請身兼銀行董事長的永豐金控總經理游國治去要錢，沒想到只是說說而已。

「奇怪，二〇〇三年開始商貸的時候，鼎興就已經是銀行的利關人，當時自己擔任銀行董事的何政廷，為什麼數十年都不申報？為什麼所有的人都渾渾噩噩不知不覺，竟然要等到二〇一六年我來調查才發現？為什麼何宗英妻子的姐姐顏雅美，明明就嫁給何壽川的堂哥何政廷，何壽川還要明知故問，找主秘來調查自家的親戚關係？對何家瞭若指掌的主秘，又為何查不出這層關係？而且，二〇一六年七月二十日跳票，到七月二十八日才通知我，八月三日就被我查到利關人身分，從跳票到身分曝光，中間隔了兩個禮拜，而何家在永豐銀行有何壽川、何奕達、何宗達等三人擔任董事，銀行也還有大批從北商銀時代就經手鼎興貸款的老臣，而且北商銀的總經理，更是當時永豐銀行的董事長游國治，他們都有非常深的銀行資歷，怎麼就沒有人發現鼎興利害關係人的真實身分？尤其，一位參與總行審查的授信主管，在調查訪談時，臉色發白、身體發抖，這又代表什麼？」他滿心都是問號。

對於無法取得鼎興早期授信的舊資料，他耿耿於懷，於是打電話給金管會，請他們進行專案檢查；他則陸續約談行員，雖然無法拚出完整拼圖，卻也有斬獲。

在他再三逼問下，分行一位年輕承辦人，情緒突然變得激動，他緊握拳頭，脫口而出：「我是被逼的！有一天我接到電話，對方口氣很兇，問我怎麼還不趕快送案？以命令口氣要求盡快送，因此一下子被震住，回去問分行經理，經理透露對方是何家大股東，因此趕緊將案子送出，結果案件竟然隔天就結案通過。」後來對方又進一步要求變更授信條件，把現金存款抵押換成支票。承辦人被銀行經理帶到何政廷敦化南路的辦公室，何宗英就坐在一旁，要求變更條件並趕快送件。承辦鼎興案讓他們受到很大的壓力。

但心想：「反正後面還有審查把關，而且何政廷強調說：『送出去就沒有你的事了！』」於是承辦人跟經理商量後，依了對方的要求。奇妙的是，送件過程中，總行審查有時比業務還要積極催。而且何政廷全程掌握進度緊迫盯人，與其他案件的處理時效跟准駁，標準簡直有天壤之別。

金檢發現，鼎興合約竟然造假，所套用印章的院長，早已經卸任。本來以為是單純的商業倒帳，沒想到是何家親戚的惡意詐貸。張晉源十分憤怒，連夜寫信給何壽川，強調此事的嚴重性。永豐銀在那之前曾發生「目標可贖回遠期合約（TRF）事件」，遭金管會重罰禁賣一年；又在台灣海陸運輸公司（TMT）兩百五十億的倒帳事件中，發生數十億的瑕疵放款，現在又爆出這五億元的利關人詐貸，公司顯然存在人謀不臧，必須好好加以整頓。

不過，何壽川後來卻勸他不要情緒用事，「哪有那麼嚴重？」張強調絕非情緒用事，要成為好的銀行，就不能鄉愿當濫好人，講求紀律、賞罰分明是必要條件。當時他對何壽川深信不疑，以為是稽核沒有對何提供真實資訊，因此要求隔周直接到何壽川的辦公室報告。

他進去，游國治也在場，張晉源把發現的荒唐事講了一遍，何壽川說了句：「喔，原來是這樣！」接著把頭轉向游國治。「國治啊，你怎麼可以騙我！」張晉源天真地以為，何壽川被騙，正準備大刀闊斧進行改革。

後來他出席銀行董事會，總覺得面對一堵無形的高牆，怎麼推都推不倒。「他們總是顧左右而言他，游國治勸我，不要小題大作，董事會主秘也說這沒什麼大不了，我心想，這些人怎麼了？」

他因為準備前往歐洲尋求投資人支持「生態金融」的企劃案，把鼎興案交給一位資深副總負責調查，結果很長一段時間沒有進展。他想想不對，於是改換從美國剛回來的主管接手，一查就有新的進展。只是他並未察覺，他正準備射箭，自己卻成為標靶。

原來，檢調早在八月四日就發公文給銀行，公文卻一直被壓著，他完全被蒙在鼓裡，還在按部就班地追。直到有一天金管會打電話來說：「你們膽子真大，檢察官都已經發文超過一個半月，你們竟然還不給資料。」他忍不住開罵，負責的主管一下說忘了、一下說資料太多來不及準備，但是隔天卻能馬上送出去，後來發現這位主管也曾經手鼎興案。

張晉源利用法人說明會，主動向記者揭露，永豐銀發生鼎興牙材的利關人詐貸案，他會追究到底。十月二十一日，金控董事會正在進行，調查局卻突然展開大約談。他因為自己主動發現、主動調查、主動通報，因此內心坦蕩，還在現場打坐，度過等候時間。沒想到，他與前總經理江威娜，各自以三百萬元交保。

事情都到了這步田地，他還依然未對何壽川起任何疑心，反而向他抱怨，怎麼公司法遵和稽核部門，查了老半天，卻一點進展都沒有，「他們到底是來把關的、還是來把風的？」

他跟銀行副董事長、何壽川的長子何奕達都主張嚴查到底，張晉源說：「不然人家也會懷疑你老爸。得罪你家親戚的事你不要碰，我來處理！」這時候，他有意犧牲自己、保護何壽川。

一波未平、一波又起，這時候他接獲「三寶案」資料。起因是鼎興跳票的半年前，他曾在財務會議上，逼問租賃財務長一筆鉅額放款的細節，對方先是吞吞吐吐不知所云，後來卻哽咽激動地說：「有高層介入！」當時對方並沒有提供證據，也沒揭露弊端，案件重點放在財務風險的追蹤控管上。沒想到十個月後，或許因為對方看到鼎興案一票主管遭到約談，擔心不當案件的責任被推到自己身上，而向張晉源招認機器設備交易是假的、發票虛造、是人頭公司。

假交易、假發票貸款，當然非同小可，張晉源組織專案小組進行調查，發現金控全體放貸金額一度高達百億，餘額還有五、六十億元。「貸款的紙上公司J&R資本額只有二十萬美元、大約六百萬元台幣，卻取得超過五十億的放款，搖身一變成為永豐金第一大無擔保貸款戶，真令人不可思議。」小組的發現，讓原本認為的風險事件變質，變成可能的犯罪事件。

張晉源將三寶案和鼎興案做進一步的比對，發現人員有重疊，許多手法如出一轍。他告知何奕達這起金額超過鼎興十倍的弊案。何奕達當場罵了句：「他X的！」，在審查、稽核、法遵、風險各部門層層監控下，什麼人有本事瞞天過海？當時他們研判身兼銀行董事長、租賃董事長、金控總經理的游國治可能有問題，張晉源說：「我來當壞人！集團最大的問題，就是對基層員工犯的小錯太過嚴厲，但是每次逮到高層真正胡作非為的人，董事長都心軟不移送。他太重感情了，金融機構不能這樣幹，紀律很重要，如果偷錢沒事，那大家豈不都來偷？」

他向何壽川報告，懷疑三寶可能涉及五、六十億元詐貸，而且手法與鼎興案雷同，都是透過人頭公司、用假合約或文件進行假交易，也都是透過調整信用評級放大額度的手法詐貸，顯然都有高人指點。何壽川表明，由他來處理和調查。張晉源回答：「董事長怎麼調查？我來就好！我在兩週內就會查個水落石出，亂來的，一個都跑不掉！」

沒想到，他雖然是銀行總經理，要調查長官不法，也是困難重重，甚至連租賃公司的細部資料，他都看不到，愈查反而疑點愈多。工會領導也告訴他一些相關秘辛，鼓勵他務必撐住，「勿為掩護何氏家族，而惹禍上身，毀捨英名」，要當專業經理人而非家臣，要堅持守護公司治理。對於工會的支持他非常感動，但是他發現三寶案指向高層的不當利益連結，鼎興案涉及的層面，也超過原先了解的範圍，當他把這些驚人的發現串起來，一個系統性的犯罪結構，開始浮現出輪廓。

此時，他又感受到當初在首爾經歷金融風暴的恐懼。他知道眼前的危機，不是他這個專業經理人可以處理的。於是他透過管道向行政院長林全報告，行政院之後找了張晉源、銀行局長王儷娟和陳姓主秘，一起到行政院會商。那位主秘先前曾到銀行金檢，張晉源對他的專業紀律印象深刻，因此兩起詐貸案，都向他通報。

二〇一六年十一月二十一日，張晉源通報後，金管會對永豐金展開專案查核，並把幾千頁資料，移送檢方偵辦。通報三天後，他即被解除所有職務，董事會解除他的理由是：張晉源對公司貢獻良多，解除職務是為了讓他專心準備司法。行政院的那場會商只有幾個人，究竟是誰出賣他，他其實心知肚明。任何人無法解任他，只有何壽川。

搞了個半天，原來是何壽川！

二〇一七年六月十六日，檢方大舉搜索永豐金和何壽川在一品苑的住家。經過漏夜偵訊，將何壽川等三人收押禁見，直到八月十八日凌晨，他才以四億元交保。檢方隨即以特別背信、收受不當利益等罪，起訴何壽川等人，並請法院從重量刑。其中何壽川具體求刑十二年、游國治十年、永豐銀總督導陳佳興十年，併科罰金三億六千元到兩千五百萬元不等；沒入何壽川不法所得一千兩百萬美元。

一審判決二〇二〇年十一月出爐，何壽川等人因涉犯《金控法》、《證交法》等重罪，遭判刑八年六個月，全案可上訴。

何壽川自始至終否認犯行，《財訊》報導，檢調指出，二〇〇六年三寶集團負責人李俊傑，以Star City公司為名，與頂新集團、美商美林基金共同投資Link Mart公司，控有上海一七八八號大樓產權，當時，何壽川即以自有Dynabasic公司，間接投資Star City五百二十五萬美元，成為一七八八大樓原始股東之一；後來，美林基金退股，李俊傑找上何壽川，籌資一．六億美元，買下美林基金股權，由何壽川籌措其中八千萬美元，資金需要在二〇一一年一月四日前完全到位。永豐餘集團透過關係企業，不斷放貸給三寶集團，作為何壽川加碼一七八八大樓的資金，已經踩到關係人交易的紅線。

檢調說明，三寶集團以Giant Crystal（Star City的上層公司）的名義，向永豐金租賃海外公司GC與永豐銀海外子公司SPC辦理六千萬美元融資，何壽川私下與李俊傑約定，必須以融資金額的兩成、也就是一千兩百萬美元，作為何壽川個人入股Link Mart的股權；換言之，何壽川有中飽私囊之嫌，並因此增加他在一七八八大樓的持股比例。

檢調查出，Giant Crystal為無實質營運的境外紙上公司，永豐餘集團旗下的金融機構放款，未確實評估擔保品，即使李俊傑強調，三寶集團位於台北市長春路等建物具有價值，但那是第三順位抵押權；而他與妻子廖宜慇都有高額負債，明顯擔保品不足；而且授信案從原本四千萬美元，一直拉高到六千萬美元，也未額外要求其他擔保品，違反「永豐金租賃公司交易管理辦法」——同一關係企業債權總額，不得超過公司淨值一半的規定，當時GC淨值只有三千一百七十二萬美元，三寶集團總貸款額度卻高達八〇五〇萬美元，超過GC淨值，超貸有五倍之多。

檢調發現，由李俊傑和廖宜慇共同持股的J&R公司，只是一家資本額二十萬美元、無實質營業收入的紙上公司，根本無力償還貸款，連利息都是從貸款額度支應，本金到期時，靠GC多次展延，補償金和違約金均未追討，一路滾到一．七七億美元，致使永豐金長期曝險，直至何壽川遭起訴為止，仍有高達一．三四億美元尚未償還。總計三寶集團從二〇〇八年十月開始，五度向永豐金貸款，總金額為五十三億四千九百萬元，九成九以上均為無擔保放款，是永豐金控最大的單一借款戶。

《鏡周刊》報導，集團有五位秘密證人，並查扣公司電郵與Line群組，發現早自二〇〇七年起，永豐金即已察覺到何壽川妻子張杏如擔任三寶集團子公司Star City董事，何壽川卻不避嫌，指示部屬掩飾，規避金管會的稽查。一名祕密證人前往北機站應訊，供稱張杏如在內部核實時，仍持有Star City百分之十五股權，屬於利害關係人交易，根本不能無擔保融資，加上Star City投資上海一七八八大樓尚未完工，貸款資金用於中國，擔保風險過大。

另外一名秘密證人透露，二〇一〇年十月，何壽川助理曾在永豐金十一樓會議室，交付有關一七八八大樓資產評估等報告，還要求拉高Star City融資金額，暗助三寶集團在中國的資金需求。

檢調還原一名幹部的電郵發現，授信人員向高層回報三寶集團貸款進度，提及若將三寶集團子公司Star City股權架構完整揭露，核貸將窒礙難行，為隱藏張杏如持有Star City股權，股權之後做了移轉登記。

檢調指控，何壽川身為永豐金控董事長，本應是政府高度監理的對象，但從銀行局、證期局、證交所與櫃買中心種種作為來看，多半罰錢了事；而且聯貸金額總共一百八十億元，主管機關卻只裁罰一〇八五萬元。二〇一五年，金檢局針對租賃進行專案檢查，竟未發現永豐金與三寶之間的關係人交易，放任何壽川搬錢、愈玩愈大，直到二〇一六年有人匿名檢舉，才展開調查，顯然並未發揮應有的監理功能。

一審判決提到，何壽川於二〇〇六年間經李俊傑介紹，利用其個人之Dynabasic公司名義，投資李在上海投資開發之「一七八八大樓建案」。

二〇〇八年六月間，李俊傑告知美林證券因金融風暴欲出售持股，希望何壽川協助資金調度，何除指示永豐餘公司內部人員進行投資報酬分析，另私下暗示永豐金租賃公司成員，他與三寶集團有密切關係。

惟美林最終未出售持股，直到二〇一〇年十一月間，美林再次決定出售股權，留有資金缺口，三寶集團成員一方面規劃向永豐金租賃公司申請借款，一方面則尋求何壽川予以協助。

何壽川個人僅願意出資三百萬美元，但起意安排永豐金租賃、永豐餘投控和元太公司，提供資金填補缺口，並將上開公司之出資款或借款，充作個人出資，作為日後一七八八大樓出售獲利之利潤分配基礎。種種作為，早已違背其身為金控公司董事長及上市公司實際負責人之忠實義務。

在何壽川的主導下，李俊傑順利於二〇一一年一月四日獲得八千萬美元資金，加上他以其他方式籌措的資金，順利取得美林集團出售之一七八八大樓股權。

何壽川將永豐金租賃及SPC公司出借六千萬美元中的兩成，以及永豐餘、元太公司提供之一千七百萬美元，均充作個人出資，並持續與三寶集團交涉利潤分配事宜。

何壽川個人僅出資八百萬元，卻以三千七百萬元為基礎，分配將來一七八八大樓出售後之利益。總計其犯罪獲取財產上之利益金額，為一億元以上。

張晉源之前不敢相信何壽川涉案，因為何曾經親口說過：「房地產讓姓蔡的去炒就好！」沒想到說一套、做一套，他們還試圖把責任完全往張晉源身上推，誣指他是雙方的介紹人。檢調問他承不承認，張晉源回答：「我無法承認，因為張杏如擔任三寶海外控股公司董事，是在二〇〇六年，而我在二〇〇七年九月十一日才進入公司。」檢調當場查證，發現他講的是真的。

張晉源的事業發展順利，從沒想過要扮演吹哨人；但既然碰上了，只好自我催眠，自己做的事情是對的。

很多人問他怎麼走過來？問題就出在他並沒有走出來。他遭遇恐嚇、汙衊、背叛和司法追殺，十分痛苦，他才恍然大悟，當權貴鉅形犯罪的真相一旦被攤開，社會的正義與他之前的想像不同。他阻卻違法，最後卻反而成為遭到調查的人，自己根本是一股腦的往垃圾堆裡跳，還必須不停的告訴自己，清理垃圾對社會很有價值，才找得到活下去的意義。

他因三寶案出庭作證，法官問：「金管會二〇一三年就查到問題，為什麼還愈滾愈大，最後還要等三年後才被你舉報？」張向法官解釋：「金融業本來有三道防線——業務、風險管理、稽核，但是永豐金的三道防線全部淪陷，沒想到金管會扮演的第四道防線也相繼失守，因此我才會來到這裡，司法是大型金融犯罪的第五道防線，也是最後的防線了。」只是沒有人知道，這最後防線的結局會如何？

一般人無法了解，這世界上怎麼會有像張晉源這樣想不開的人？他三十幾歲就有財富、司機和秘書，一下子可以通通不要，原因只有一個：「因為我們是不一樣的人！」

除了有感於國家體制亂了套，想繼續守護他父親當初捨命保衛的國家；真正傷他的，還是人性的脆弱。有人為五斗米折腰、有人背後插刀。

他努力回想，以前在韓國帶過的那些年輕人，其中一位，只不過因為張晉源曾經在他母親過世時，前往靈堂上香，並一直待到天亮才走，對方家長感動之餘，再三交代兒子必須在罷工暴亂中保護他的安全，否則不要回家。

另一位亞洲區主管，隔幾年就來台灣看他，還叫他小孩給張晉源行傳統大禮，只因當時他無辜涉及政爭大案被檢調抓走，張晉源請了韓國最大的律師事務所律師，把他救出來；他與現在的太太陷入苦戀，張晉源鼓勵並協助小倆口私奔，打點他們在香港的一切，結果獲得他們感謝一輩子。

張晉源出事以後，一位年輕人經常對他噓寒問暖，問東問西，最後他發現，對方竟然在何壽川委請的律師事務所上班；他留英時的一位舊識，還是他介紹進永豐金擔任董事，在弊案發生後，躲得遠遠的，怎麼都找不到；有同事、朋友平常信仰很虔誠的樣子，基督教、佛教都有，會以《聖經》故事或佛教經義來安慰他，但一手拿聖經、一手卻拿著屠刀。

只有父親的身影猶在，不時出現在他的周圍。他想跟父親說的是，雖然大敵當前，他卻毫不退卻。他扛起了整場戰役，而想成為蓋棺論定的那個人。

一九八〇年莫特萊克（Mortlake）天主教區一位四十七歲神父里茲戴爾，任職一年多後被調走。國小教師安幾個禮拜後，出席教區彌撒時，聽到一位女士透露，神父被調走的原因是：「他一直在打擾男孩！」安試圖向教友們探詢有哪些家庭受到影響？卻沒有人願意說明細節。

七年後，社區一位太太告訴她，她的兒子就是受害者，曾經遭受里茲戴爾嚴重性侵，其他家庭也有類似情形，雖然幾年前，他們曾向教會反應，卻沒有獲得任何回應。

一九八九年十月三十日，安寫信給穆肯斯主教，告訴他歷經多年，受害家庭依然感覺痛苦，提醒日後在安排里茲戴爾的職務時，務必謹慎。半個月後，主教回函，以這是非常「籠統」的「謠言」，定位這起事件，表明在此前提之下，他很難做什麼。

就這樣，安一連寄了十封信，其中第五封信，還廣發給郊區二十多位神父，他們看了看就把信一擱，出門踢足球去了；只有兩位神父打電話關心，其中唐斯神父因曾任職莫特萊克，認識受害兒童，因此重返舊地與他們懇談。談完之後除了表示哀傷，其他什麼事也沒做。

安決定不再寫信，挺身投書媒體，並且支持正在打官司的被害者。她開始受到學校百般刁難，校長甚至偕同教區神父一起威脅她，揚言如果她繼續談論性侵害案，將解除她的職務。

一九九六年底，安主動辭職，並且不再信仰天主教。

其實穆斯肯主教早在一九七五年從一位警察口中得知，里茲戴爾有性侵兒童的行為，卻依然指派他到不同教區服務。里茲戴爾在莫特萊克一年多，性侵多名孩童，其中八位、包括自己的侄兒，出席「皇家調查委員會」舉辦的公聽會，指控他的犯行。

里茲戴爾在一九九三年遭到逮捕，直到二〇一七年為止，受害兒童增加為六十五人。

這是「性侵吹哨人——安」的故事，她替受害人發聲，協助他們找回平靜、正義和復原。

藝人隋棠是「蝴蝶朵朵」的種籽講師，二〇二〇年六月十五日到國小宣導「兒童性侵防治」，課後在臉書發文：「一位『賽德克巴萊女孩』用平穩的口吻訴說自己長年、無數次，被叔、姪兩人帶去工寮『侵犯』的故事。照慣例，最後秘密問卷時間，孩子們可以跟我分享任何他們的擔憂。打開那張她重寫的、只折了一摺的問卷，看著上頭她清楚明瞭的求救訊息，我陷入了長長的沉默。這幾個月裡，我遇見了二十多個遭到惡意性侵和許多被性暴力對待的孩子，但沒有人像她這冷靜果斷，就連聽完她的遭遇後，我告訴她，接下來我將如何處理，以及通報後，她可能會遇到什麼樣的狀況，包括在徵得她的同意時，她都毫不猶豫用力點頭應許，彷彿她早已在腦海裡預習了千百次，只等待這個讓她說出來的機會。」

接著，隋棠把「賽德克巴萊女孩」的求救訊號告訴師長，由學校進行通報。隋棠認為，「事實調查」並非舉發者的責任，何況孩子主動告知，任何一位公民都應該關心而且通報。

帶她進入「兒童性侵防治」領域的老師對她說：「在受害孩子面前，比起空有技巧而無心，有心才最重要。不要因為妳不是專業社工，而小看自己，心會帶著妳走！」

隋棠就是「安」，並非專業，卻勇於替受害者發聲。屏東縣政府教育處竟然發文指責：「未經專業查證，即公開發文造成臆測，不僅對孩子是另一種傷害，同時也造成民眾對縣府的誤解；小孩其實是被強制性猥褻，而且並非數次。」教育處斥責隋棠，自己卻暴露女孩隱私，縣長潘孟安得知後震怒，要求檢討改進，並對隋棠表達感謝之意。

女孩的父親接到學校老師通知後，才驚覺自己女兒受到侵犯；他原以為自己很了解女兒，卻不知道她被親人欺負；而這件事情竟然不是家長、不是老師，而是隋棠發現。「賽德克巴萊父親」認為，屏東縣政府處置失當，欠她一個道歉。

「人本教育基金會」針對台南某國小張姓教師校內性侵案，進行三個多月的訪查，發現有十八名受害人，時間長達二十年以上；先前校長知情，卻因為擔心退休金泡湯，不僅將記錄銷毀，還協助狼師調校，侵害別的學生。諷刺的是，張嫌居然獲得「資深優良教師獎」，還被譽為「教育界最美麗的風景」。

吹哨人欠缺「吹哨人保護制度」，將形成通報上的阻礙，受害兒童因此失去更多脫離危險的機會。

繼六月之後，隋棠又在八月吹哨，她透露，一位十一歲男童自有記憶以來，多次遭鄰居以「照顧」為由，帶回家猥褻。他的班導師是一位男性，聽了也忍不住落淚，好奇問她：「妳是怎麼辦到的？」受害男童原本話就少，親人離世後，變得更加封閉，對任何事都無感。三年來，他用過各種方法表達關心，得到的答案始終是：「沒是啊！」當他從隋棠口中得知事情真相，感到既自責、又痛心。

隋棠說，剛開始她也不明白，為何受害孩童會選擇她作為傾吐對象，她不過是個陌生人，他們怎麼不告訴自己的父母或師長？原因很簡單，學生怕媽媽傷心、爸爸失望。相較於低年級的學生，高年級的孩子保護色更重。

韓國電影《熔爐》改編光州一所聽障學校的性暴力事件，校長、老師等十一人，自二〇〇二年起到二〇〇四年間，對三十名學生性暴力。電影上映後，韓國政府不僅重啟調查，還修訂《性暴力犯罪處罰特別法》（又名《熔爐法》）部分條文，加重加害者的刑責。

台灣也有電影《無聲》，真實傳達台南一所特教學校的霸凌和性侵害事件。性侵案

（含集體性侵）無所不在，包括：學校、宿舍、浴室、廁所、校車，受害學童曾向師長求助，卻被壓下來，使得事件一再重演，成為台灣校園史上最嚴重的性平事件。

調查期間，新案持續發生，有更多受害者跳出來；更有畢業生指控，老師曾對他「不正當」對待，他向其他老師求救，卻沒有人願意伸出援手。教育部次長蔡清華看完電影後強調，學校「校安機制」規定，二十四小時內已知悉、卻未通報的教職員工，都將受到懲處、甚至追究刑責。他呼籲家長、同學一起加入吹哨人行列，共同建立性侵害防護網。

二〇一七年三月，媒體報導南投一所少年安置機構爆發性侵案，監察委員王美玉與前「少年家事廳」廳長林雅鋒主動申請調查，花了一年的時間，針對從二〇一四到二〇一七年間，院內發生的二十一起性侵案，彈劾五位縣府官員和三名少保官。

這二十一起性侵案，分別以撫摸性器官、口交、肛交等方式，合意或被迫發生，地點遍及寢室、廁所、視聽室、活動中心，連參訪外宿在廁所內、或是在機構違法受託的兒童學院內，都曾發生同樣的憾事。機構和少保官未在第一時間通報，往往使受害人變成加害人，使案情變得複雜。

有犯罪或犯罪之虞的未成年人，被收容在安置機構，主管屬於社政機關，補助卻來自司法機關，雙頭馬車和擔心募款受到影響，是造成性侵案被刻意隱匿的原因。

根據判決指出，陳男（事發時十八歲）在二〇一二年因為行為偏差，經法院裁定安置在南投某機構，他在二〇一五年四到八月間，分別在參訪外宿的廁所內，要求兩名十三歲的「學弟」口交性侵。隔年十二月離開機構後，與其中一名少年同居，被報警偵辦。一審時他自白認罪，與家屬和解，並提出領有智能障礙手冊，請求輕判，給予緩刑。二審法官認為，他假借同窗機會，對少年多次猥褻及性交，嚴重影響被害人身心發展，惡性非輕，不符合減刑要件，上訴被最高法院駁回，陳男最後遭判刑三年六個月定讞，須入監服刑。

王美玉透露，檢方在偵辦過程中發現，其中一個孩子被迫對其他孩子口交、肛交，一個禮拜達兩、三次，日子過不下去，只好投靠一位大哥，變相尋求「保護」，以免受到多人性侵。

當中年紀最小的只有十三歲，還在念小學，因為長相討喜，又特別瘦小，因此常常成為目標。他哭也沒用、告訴少保官也沒有用；加上本身是「非行少年」，即使向外求援，被信任程度也不高，因此機關動不動威脅他：「看法院是相信你、還是相信我？」此案才會從二〇一四年延續到二〇一七年。少年回家以後，因為發燒沒有到校，學校老師進一步探詢，才知道他染了性病，依正常程序通報，成為他生命中的貴人。

監察委員在審理過程中，莫不痛心疾首。王美玉指出，孩子遭受性侵時，剛開始似懂非懂、苦苦哀求：「我不是同性戀，請不要對我做！」其中一位少年只能靠想媽媽──想到這個世界上，至少還有母親沒有放棄他，才能夠繼續支撐下去。

最小的孩子曾三度向少保官求救，機構早就發現，少保官卻直接把個案關閉，以「孩子不適合機構」為由，讓他重返家庭，權力大到可以自行隱匿。機構或少保官是法定責任的通報人，非但不進行通報，還胡謅孩子有性好奇和性需求，王美玉不禁要問：「你們的熱情到哪裡去了？」因此對三名少保官首次彈劾。

苗栗地院曾經兩度行文南投縣政府，要求調查機構內不當暴力管教。王美玉在二〇一七年三月二十九日，從地院筆錄中發現，法官所指不當管教，分別為：掌摑、暴力毆打、長時間罰站、教唆其他少年毆打、打腳底板、拉頭髮等問題，函請少家廳處理，竟遭到退回。

縣府接到公函後，曾經派人到現場了解，也做了問卷調查，但因為旁邊有管理員陪同，所以孩子不敢說真話。事實上筆錄已經寫得很清楚，縣府人員只要一對一懇談，一定問得出端倪。王美玉在單獨約詢一位少年時，才知道機構裡有所謂稱號「上班族」的高中生，晚上唸夜間部、白天在外打工、夜裡回來睡覺，被賦予處分「小小孩」的權利，不僅打他們的腳底板、抓他們的頭去撞牆，連牙齒都被打裂，送到醫院後，孩子們悶聲不響，因為即使說了，機構一定會反控，說他們是互相打鬧。「這些小孩能講嗎？講了以後被打得更慘！直到他們被打到社會化為止！」

台灣三大少輔院和安置機構，均有不當管教情事發生。

王美玉最早是聽少保官和法官提到，有少輔院對犯錯孩子「曬豬肉」——在七月初的大熱天，把他們銬在一百五十公分高的曬衣架上，讓太陽烤個四個小時。一次鬧房事件後，一位學童甚至被銬在曬衣架上長達十三個小時，任由他大、小便失禁。放下來以後，無法自理衛生，晚上睡不著覺，每天得繼續帶著手銬、腳鐐進行操練，上、下午各一次，連續兩周，根本罔顧人權。

再來，則是將少年送進「獨居房（即考核房）」面壁思過或者念經，原本限期不得超過一個禮拜，但他們最高紀錄把一位陳姓學童關了一年又五個月。獨居房大多有四到六人，但有人單獨被關，在地下室密閉空間待久了，往往出現幻聽、幻覺，甚至有學童因此自殘。

一位少年告訴法官，他在院內被打，回去後輔導員問起，他一五一十把話重複說一遍，沒想到被打得更慘——被拖到監視器照不到的死角，集體私刑，他叫天天不應、叫地地不靈。法官五天內發文搶救，已經來不及了。

少輔院缺乏專業教育人員，由獄卒擔任管理員，「垃圾」、「人渣」、「敗類」等霸凌語言經常掛在嘴上，還授權大小孩打小小孩，大的打完、換管理員打、最後主管再打一次。孩子帶著仇恨離開，回到社會之後，還有愛嗎？

按照規定，南投安置機構立案時，最多只能收容十九個人，但各地方法院「少年及家事廳」最高紀錄送了一〇六個人過去，機構只好另外租了四個場所。當監委約詢縣府官員，他們一問三不知，因為當初評鑑憑資料就准了。少保官只知其一、不知其二，每次把人送到辦公室就走了，不知道他們晚上睡在哪裡？

王美玉二〇一五年公布桃園少輔院十六歲凱凱枉死的調查報告，有感於他生在監獄、死在少年輔導院，生、死都不自由，形容他的命運，就像一片黃葉落地，最後被掃除乾淨。

凱凱的母親十六歲離家出走、十九歲在監獄生下他。原本監獄容許孩子待到三歲，但因為凱凱的母親想早一點出獄，只顧著拚積分，沒花心思照顧兒子，因此凱凱中途被送進育幼院。凱凱的阿嬤到處打聽，最後在桃園一家育幼院找到他，把他帶回家撫養。

凱凱的母親、阿嬤三代都是單親，阿嬤住在鄉下、必須外出工作，當發現凱凱連注音符號都不會，於是把他轉到台北念小學。他被診斷出是過動兒、還有輕度智障，幸好小三那年，他碰到人生中的貴人——他的輔導老師，不僅時時關心他，為他排難解紛，還介紹專業人士，對他進行心理輔導，連未來的出路都幫他設想好。

接下來一連串的錯誤，改變了凱凱的命運。阿嬤心想女兒從監獄出來，應該善盡母親責任，因此讓她把凱凱帶回家。原本凱凱的輔導老師，已經安排好適合他的國中，這麼被一帶走，從此踏上不歸路。

凱凱的母親工作不穩定，對他疏於照顧，他在學校學習成就低，開始流連網咖和在街頭流浪。他是偷竊慣犯，有一次偷了一千多元和一支手機，對方堅持提告，他因此進了桃少輔，接受感化教育。

在生命走到盡頭的前幾天，凱凱被關進號稱病室的「三省園」，其實當時他已經不行了，二月二日到敏盛醫院戒護就醫，黃姓骨科醫師不但沒有幫他照肺部X光，連病歷都沒有仔細看，忽略他曾經有九十六次就醫紀錄，先前少輔院醫師只看精神病和皮膚病，最後草草開立肌肉鬆弛劑，就把他送走。他因為兩種藥物混用，發生昏倒或跌倒的情形，上、下床和洗澡都要人幫忙；上課時也總是趴在桌子上。「凱凱當時根本應該送到醫院去，而不是送去獨居房！」

凱凱的阿嬤四處陳情，立委尤美女幫她開了好幾次記者會，都不見效果，直到王美玉調查，才真相大白，但已經無法挽回凱凱一命。

少輔院第一時間對外聲稱，凱凱因為抓癢致死。王美玉調閱七天、關鍵二十六．五個小時監視錄影帶，看到一幕幕令她痛徹心扉的畫面。「凱凱回到病舍、打開房門進去，只見地上丟了一地的衛生紙和棉被，他坐在床沿休息了一會兒，就彎腰撿拾地上的日用品。凱凱生前無法成眠，桃園少輔院卻謊稱他在裡面休息、養病、過得很好。院長說，他在凱凱生前一個小時，曾經打開『瞻視孔』問：『凱凱，你還好嗎？他還點頭說好。』事實上，依台大醫師判斷，他當時根本已經休克。」

凱凱最後體重只剩下四十公斤，一連掉了十六公斤，斷氣前無法進食，少輔院竟然在寫給矯正署的報告中說：「五點三十分，孩子突然昏倒，不想吃飯。」王美玉氣憤表示：「他不是不想，他是已經不能！一個晚上只見他像蝦子一樣，手頂著床沿翻來覆去！二月五日清晨，他把上衣脫掉，用毛巾附在自己的右胸前……，看到這裡，我幾度起身、離開電腦掉眼淚。我相信任何人看了都會崩潰，因為實在太痛了！他坐在床頭、頭靠在床邊欄杆，用左手拉後方的領口，脫掉上衣，此時監視器畫面顯示，凱凱走到另外一張床上，光著上半身，右手肘抬起，右腋下出現一片陰影，左胸口顯現傷口。」

尤美女形容，這是「少輔院的洪仲丘事件」。檢察官說找不到傷口，但根據法醫蕭開平出示的一張照片，凱凱的膿血裝滿一整個香檳杯，至少有七天的量，生前應該受到鈍力撞擊，他在驗屍報告上寫下：「他為！」台大醫生判斷，凱凱傷勢絕不可能因為伏地挺身造成，要傷也是傷在肩膀或手肘。

「關鍵是，誰打了他？孩子絕不可能抓癢致死！桃園地檢署沒有做任何交代；同學也異口同聲說，他是因為單手做伏地挺身導致，愈是口徑一致，我愈懷疑集體串供。凱凱要不是像洪仲丘一樣被操到衰竭致死，就是像法醫所說曾遭鈍力撞擊。不管誰打的，少輔院都應該送急診，而不是把他關進獨居房，讓他等死。應注意、而未注意，是業務過失！是公訴罪！檢方怎麼沒查？」最後，監察院以「胸腹腔臟器化膿引發敗血症死亡」結案。

凱凱曾經三度向少保官呼救：「我被打，手快要斷了！」但王美玉約詢少保官時，他卻說：「我忘了！」後經王美玉調閱少輔院自白書發現，凱凱當時指稱：「我跟少保官說，我被打、手快要斷了，少保官說我胡言亂語！我只好說，我是指之前在國中的時候，不是指少輔院。」凱凱不能說真心話，後來被迫謊稱是運動傷害。他一度在戒護就醫時情緒失控，不願意回到班上，不斷說有人欺負他，就是沒有人願意伸出援手。

「這是官官相護、官僚殺人、制度殺人！你怎麼可以一邊讓他等死、一邊在報告中說：『我們對他很好，我們很愛他，是他突然昏迷……』」

法務部原本不打算重啟調查，王美玉公文往返七個月，和他們打筆仗，寫了十二頁核簽意見，最後法務部同意重啟調查。除了兩位建議戒護就醫的管理員外，林姓院長彈劾後申請退休，說凱凱「假鬼假怪」的戒護科長，以及讓孩子等死的衛生科長，一併遭到彈劾。

類似案件層出不窮，一位劉姓男子被控在彰化少年輔育院四年間，恐嚇、逼迫同院少年幫他手淫、口交、演活春宮供他觀賞取樂、逼人喝尿，二〇一九年三月，被雲林地方法院依八個性侵罪，判處六年徒刑。

台北少年觀護所二〇一八年爆發男男性侵案，一位十四歲少年慘遭同舍十八歲大哥以手指和口交性侵，被害少年向管理員哭訴後，整起事情爆發，王男坦承犯行，與被害人和解，最後依妨害性自主罪判刑六個月、得以緩刑兩年。

「好像只有我們可以救她！」這是《今周刊》獨家專訪韓國「N號房事件吹哨者—追蹤團火花」所做的告白。所謂「N號房」，是韓國加密通訊軟體Telegram中的一個聊天室，犯罪集團利用取得的資料和照片，威脅受害人進行直播，向觀眾收取不同等級的會員費。兩名女大學生花了八個時間蒐證，終於揭發了這起性犯罪案。

「說實話，剛開始我們並未抱持使命感，直到未成年受害者出現。」令她們難以置信的是，聊天室有上千名會員，沒有一個人覺得，他們這種行為是錯誤的。

她們原本鎖定色情網站，卻意外發現這個「N號房」非法網站。二〇一九年七月，她們從眾多非法網站中，發現由「Watchman」經營的google部落格「AV-SNOOP」，點進去一看，名為「高譚房」的Telegram聊天室連結，跳了出來，裡面有版主整理的「N號房」文章，還附有如何躲避警方查緝等說明文字。

兩位女大生每天花十幾個小時緊盯手機螢幕，但由於「N號房」存在N個房間，聊天室會不停增生，又以相互交疊的方式連結，所以很難進行搜查；加上，會員可以從「高譚房」移動到其他聊天室，分享不同的色情影片，以致觀看人數從原本的一千人、暴增為七千人。

二〇一九年九月，她們完成蒐證，寫成報導，獲獎肯定，但未獲得廣泛回響，直到二〇二〇年初，才燃起韓國人熊熊怒火。警方根據兩人提供證據，在同年五月底，受理五百九十四起「N號房」犯罪事件，總共有六百六十四人涉案、共逮捕八十六人，其中甚至有未成年的加害者。

二〇二〇年四月，代號「博士」的主嫌趙主彬落網，在鏡頭前向受害者道歉。超過兩百萬人上青瓦台網站留言、連署請願，要求政府公開加害者姓名、照片，並且更換主審法官，因為她曾經審理女星張紫研及具荷拉事件，對被告從輕發落。

韓國國會幾天內火速通過《N號房防治法》，提高網路性犯罪罰則與罰金；並立法要求網路業者，有刪除、封鎖遭散佈性剝削影片的義務。

台灣臉書社團《爆料公社》，在二〇二〇年九月九日晚間，驚爆南投一所高中男同學，高一時性侵弱勢家庭女同學，拍照威脅對方，還揚言如果事件曝光，將叫當警察的爸爸，對她和家人不利。女同學因為恐懼，始終隱忍，沒想到對方變本加厲，將照片四處分享，讓女同學飽受旁人異樣的眼光。

當晚《ETtoday新聞雲》向警方和學校求證，獲得證實。一名畢業學生家長出面痛斥，學校竟然大張旗鼓找吹哨者，連他已就讀軍校的兒子都被約談，被要求簽下「保密協定」。網友群情激憤，湧入加害者父親分局的臉書洗版，即使分局長出面緩頰，也無法平息眾怒。

十日晚間，男生父親終於在臉書發文：「養子不教，父之過！對於我兒子犯下的過錯，引起軒然大波、造成社會不安，我在這裡致十二萬分的歉意。長期以來，我因為工作的緣故，對於小孩的成長我未能參與，以致親子關係疏離，對於他偏差的行為，未能及時發現、予以導正，以致發生這樣的事情。作為一個父親，我深感愧疚與自責，也深深覺得對不起被害人。我絕對無意掩飾兒子的犯行，該負的法律責任，我一定要他承擔。」

網友並不買帳，痛責該名父親：「去年就有人在Dcard發文尋求幫助，我無法相信你當時不知情！」「我很好奇，你兒子在家犯案，你也不知道？」「你的分局很囂張，還敢威嚇網友觸法！」

男同學還涉及另外一起性騷擾案，受害女同學必須得靠藥物才能控制情緒，一度請假在家中休養。校方得知後，依《性平法》辦理，警方併案調查中。

美國紀錄片《吹哨人：美國體操隊性侵醜聞追蹤》，還原體操國家隊隊醫拉里·納薩爾（Larry Nassar），在二十九年從業生涯中，用「獨家治療手法」，對一百五十六名女子體操選手性侵。他會命令少女全裸檢查，如果母親在場，則以白毛巾遮擋，照樣把手伸進女子體內，受害者包括家喻戶曉的四金奧運體操明星西蒙·拜爾斯（Simone

Biles）。

女子體操選手大約十來歲，對於醫生把手伸進自己的陰道和肛門，是否為犯罪行為，懵懵懂懂；加上訓練環境封閉、教練十分嚴格，納薩爾又懂得適時給予溫暖，因此犯行始終被隱藏。

少女瑪吉是奧克拉荷馬州體操大賽中的冠軍選手，從小懷抱體操夢，在參加奧運國家隊選拔前，獲得體操全能冠軍。她遭納薩爾猥褻後，向一名女孩提起，被教練無意間聽到，第一時間告知瑪吉父母，同時向體操協會和聯邦調查局（FBI）通報，兩單位卻都敷衍了事；相反地，瑪吉因此喪失代表美國國家隊征戰奧運的機會，電視台原本安排她受訪，也臨時取消。

為了對抗惡魔，前體操運動員瑞秋成年後自學法律，後來成為律師，帶著一百多頁醫療文件和證據，走上法庭。

面對指控，納薩爾依然掛著一張招牌笑臉，一臉無辜狀，矢口否認犯行。前體操協會主席史帝夫．彭尼（Steve Penny）當被問到，如果收到內部舉發，是否會轉交政府處理？他斬釘截鐵說：「不會！」

新聞曝光後，民眾謾罵的對象並非納薩爾，而是挺身而出的運動員們。納薩爾在校委會的選舉，支持度還一路狂飆。檢方起訴遭遇困難，因為年代久遠，無法取得有力證據。直到警方意外獲得另外一位受害者舉報，前往納薩爾家進行搜索，在門外垃圾堆中起出大批兒童色情影片，證明他是變童者，案情才有了突破。

審判終於來臨，一個、又一個受害者，在法庭上痛哭失聲，她們多半已為人妻、人母。奧運明星西蒙・拜爾斯也在其中，勇敢出面承認自己是受害者；後續有多名奧運選手出庭作證，包括加碧・道格拉斯（Gabby Douglas）和艾莉・賴斯曼（Aly Raisman）等人。

報社取得納薩爾與體操協會間的郵件，揭露組織長年隱瞞、包庇犯行。

二〇一七年，納薩爾因持有「兒童色情物品罪」被重判監禁六十年；隔年一月，法官露絲瑪莉・阿奎萊娜（Judge Rosemsrie Aquilina）當庭宣判他必須入獄服刑四十到一百七十五年。「就像傾聽這些倖存姊妹們我感到榮幸一樣，對你判刑也是我的榮幸。你永遠不值得再從監獄裡走出來，連我的狗都不願意託付給你！」

美國體操協會與奧委會多名高官請辭，史帝夫・彭尼因涉嫌隱藏性侵案證據被捕，並且遭到起訴；體操協會也一併被剝奪作為國家管理機構的身分。

二〇一七年《紐約時報》率先披露《性、謊言、錄影帶》等知名電影製作人哈維・韋恩斯坦（Harvey Weinstein），涉嫌性騷擾艾希莉・賈德（Ashley Judd）等女明星，經《妙管家》影集女演員艾莉莎・米蘭諾（Alyssa Milano）在推特上登高一呼，鼓勵遭性騷擾的女性寫下自身遭遇，一時之間引發席捲全球的「＃Me Too（我也是）」浪潮。

這股風潮如果早一點到來，或許BBC不會因知名藝人吉米・薩維爾（Jimmy Savile）和主持人斯圖亞特・霍爾（Stuart Hall）的性侵案，蒙上難以抹滅的陰影。

英國退休上訴法院法官珍妮・史密斯（Dame Janet Smith）在二〇〇六年二月公布厚達一千頁、超過三十七萬字的BBC性侵案調查報告。她在報告中指出，BBC錯失五次阻止性侵案發生的機會，在組織充滿大男人主義的氛圍下，BBC對於保護自身名譽、大於保護受害者權益。

薩維爾的性侵行為長達四十七年，從一九七〇年代開始，仗著他長年主持「Top of the Pops」和「Jill'll Fix It（吉姆幫你圓夢）」，成為英國家喻戶曉的人物，觀眾最高紀錄有兩千萬名。英國女王授予他爵位，形象、聲望歷經半世紀而不墜。

二〇一二年底，有三百位受害者出面指控，薩維爾猥褻、性虐待和強暴。他的一貫伎倆是，邀請女孩觀看節目。犯案地點不限於電視台的化妝間，還包括：醫院、兒童的住家和他的旅行房車；斯圖亞特也是性侵慣犯，總計性侵過二十一人，八人年齡在十六歲以下，最小的只有十歲。

部分BBC員工早就發現，曾經向上級舉報，卻不見高層出面處理。當事人否認，BBC完全照單全收。

受害者陸續出面訴說自身悲慘遭遇，其中凱文．庫克（Kevin Cook）指出，他受邀到BBC觀賞《吉姆幫你圓夢》節目，遭到薩維爾和另一名男子毆打、口交；另一名二十五歲女性，在一九七〇年被薩維爾帶往停在醫院旁的休旅車上性侵，當時她已婚，沒告訴任何人，因此罹患嚴重的「創傷症候群」。

卡洛琳．摩爾（Carolin Moore）當時只有十三歲，當再現身指控薩維爾，已經五十多歲，坐在輪椅上。

一位A女士回憶，一九七〇年她二十歲，被勞斯萊斯載去見薩維爾，「他告訴我，妳好可愛，我要把妳鎖在櫃子裡，永遠不分開。」隨即把她拉上床，事後為了安撫她，還告知她可獲得「Top of the Pops」節目的工作機會。

珍當時年僅十六歲，是一名女病患，被薩維爾帶去買糖果，沒想到卻是被帶到醫院地下室性侵。醫院所有人都畏懼他三分，事後沒有人相信她的遭遇，紛紛嘲笑她，只有母親相信她。最小被害者年齡不滿十歲，曾在醫院遭到他三次性侵，造成永久的傷害。

持續有人在媒體爆料，指責BBC直到二〇一二年還在掩蓋真相，珍妮在報告中總結，是一種「敬畏文化」，讓悲劇上演。

吹哨人無視於「敬畏文化」，就像安一樣，連工作和信仰都可以不要。他們應該受到保護，而不是摧毀。

戰疫

他們都是李文亮

中國武漢市中心醫院眼科醫師李文亮，在二〇一九年十二月三十日晚間五點四十三分，於「武漢大學臨床04級」微信群組貼出「華南水果海鮮市場確診了七例SARS」等信息，並附上檢驗報告和胸部電腦斷層檢查。

隔天凌晨台灣PTT開始熱議，疾管署副署長、前台大感染科醫師羅一鈞發現，李文亮提供最重要的是那份檢驗報告，為「華大基因」所做，他們用大規模篩檢的方式，同時驗出多種病原體，顯示患者有類SARS和綠膿桿菌病原體。他立刻丟到疾管署的群組，疾管署上班之後，立刻以電郵通報世衛組織（WHO），要求提供進一步訊息。

為求慎重起見，疾管署在電郵中，只點出「非典型肺炎」和「病患已進行隔離治療」兩個重點，但凡公衛專家都可以解讀出，這在暗示有「人傳人」的可能。

中國在同一天向WHO通報，提到武漢發現不明原因的肺炎病例。七天後，進一步指出，是一種新型冠狀病毒。

中共當局除了隱瞞疫情、銷毀資料之外，還對提出預警的醫師、揭露真相的記者進行打壓，最為人所知的就是李文亮等八名醫師。

如果李文亮被稱為最早示警的「吹哨人」，艾芬醫師則自認為是「發哨人」。她在二〇一九年十二月三十日下午，看到第二例病人的送檢結果，顯示感染了一種冠狀病毒，化驗單上標註有「SARS冠狀病毒、綠膿假單胞菌、四十六種口腔/呼吸道定植菌」等字樣，第一時間就向醫院公共衛生科和院感部門報告，並且轉發到包括李文亮在內的科室醫生微信群組，接著被大量轉發。

當晚十點二十分，武漢市「衛健委」的通知就來了，警告他們不要隨意散佈有關不明原因肺炎的信息，否則將追究洩漏者的責任。

二〇二〇年一月一日，艾芬再度向醫院公共衛生科和醫務處報告其他多起病例，希望引起重視，「萬一急診科醫師和護士感染，就很麻煩了！」之後，就遭到醫院監察科的約談。

當天下午五點三十八分，武漢市公安局在官方微博證實，公安局已傳喚八名「違法人員」，並依法進行處理。《中央電視台》新聞頻道隔天報導，反覆出現「八名散佈謠言者被查處」的字幕。李文亮等人被迫認罪，在訓誡書上簽名、蓋指紋。這不是一份認罪協議，而是中國官方隱瞞疫情、鎮壓吹哨者的證據。

電商龍頭「亞馬遜」因為疫情，網購業績成長了兩成六。旗下一名員工在三月發起示威罷工，遭亞馬遜解雇。這名叫莫爾斯的三十一歲員工，被美國媒體封為「亞馬遜疫情的吹哨人」。

莫爾斯在二月底、三月初，發現周遭同事生病，公司卻因為不想引發恐慌，持續隱匿疫情。另一名亞馬遜明尼蘇達州員工質疑，公司發出確診通知信函中，刻意不提有多少接觸者，罷工團體估計，確診人數恐怕超過五百人。根據媒體報導，亞馬遜在美國一百一十多個倉庫，當時至少有七十五個確診病例，真實病例數不得而知。

SARS吹哨人是WHO派駐中南半島的醫生卡羅．歐巴尼醫生（Carlo Urbani），他在二〇〇三年三月十一日通報、二十九日死於曼谷，感染源可能來自先前在河內的一名美籍華裔患者。

中國解放軍301總醫院醫師蔣永彥，對於中國衛生部長張文康在記者會上聲稱，四月初北京只出現十二個SARS病例、三人死亡，頗不以為然，認為實際疫情遭到隱瞞，因此在第二天告訴《中央電視台》國際頻道和《鳳凰衛視》，卻沒有被採用；四天後，他接受美國《華爾街日報》和《時代週刊》的專訪，提供他所知、比官方更多的病例數，引發國際廣泛重視，WHO也派員到中國調查，造成張文康和北京市長孟學農免職。

隔年六月一日，蔣永彥和妻子華仲尉突然被帶走，妻子兩周後先出來，他則被留置到七月十九日才被釋放。從此生活形同軟禁，不准接受採訪、禁止出境，直到晚年住家周邊，都還有便衣公安監視。

日本神戶大學醫學系教授、也是醫師的岩田健太郎，費了九年二虎之力，好不容易在二〇二〇年二月十八日登上「鑽石公主號」，當時新冠肺炎群聚感染已超過一個禮拜，船上防疫措施混亂不已，他利用在船上的一個多小時，找尋防疫漏洞，特別將危險（紅區）和安全（綠區）混雜情形，在網路上公布，他被厚生省官員立刻趕下船，發布在Youtube上的言論也「被消失」。

美國海軍「羅斯福號」航母艦長布雷特．克羅澤爾（Brett Crozier）上校，擔心艦上一百多官兵確診，群聚感染將持續擴大，因此寫信請求「美軍太平洋艦隊」斷然處理，將艦上官兵撤離上岸。

他的意見與長官分歧，代理海軍部長莫德利強調，海軍不能、也不會讓所有官兵離開艦艇。於是克羅澤爾挺走險，向媒體洩密。根據《舊金山紀事報》報導，克羅澤爾在信中提到：「現在並非戰爭狀態，絕不能讓任何一名水兵，毫無必要死在這場流行病中！」

媒體報導後，四千八百位官兵中的一千名，在四月一日從關島上岸，但三日克羅澤爾就遭到解職，撤換他的理由是：「克羅澤爾採取不安全、未加密的方式，將求援信寄出指揮鏈外，使媒體取得信件且公開，不僅造成不必要的恐慌，更破壞了指揮鏈結構，讓對手有機可乘。」

當克羅澤爾離開航母時，大量官兵把他當成「英雄」送別；將近三十萬人在網站上連署，要求美軍讓他復職。

《路透社》報導，美國海軍對克羅澤爾解職，恐將對軍中通報系統，產生寒蟬效應；民主黨聯邦參議員華納（Mark Warner）更批評，海軍需要為船上官兵說話的人，有那麼多人處於危險當中，克羅澤爾不過想為下屬做最適合的決定，實在不懂為何要懲罰像他這樣的人？川普總統對海軍的解職動作，也不表贊同。

截至四月二十二日為止，美軍確診人數以海軍病例最多，有四十艘軍艦染疫，其中又以「羅斯福號」航母疫情最嚴重。

聯邦生物醫學高級研究和發展管理局（BARDA）前局長布萊特（Rick Bright），因為吹哨示警新冠肺炎可能的影響之後，遭到降職。

布萊特是疫苗專家，協助美國衛生總署（NIH）研發病毒診斷檢測。他在國會聽證會上透露，他在二〇二〇年一月接到美國最大口罩生產商Prestige Ameritech總裁寫給他的一封電子郵件，從口罩供應陷入嚴重短缺的狀態可知：「我們很糟糕，全世界都很糟糕，我們需要有所行動。」他於是向美國衛生及公共服務部（HHS）預警，疫情十分嚴重，未料HHS部長阿扎爾（Alex Azar）卻對他產生敵意；至於他被調職的原因，恐怕跟他多次質疑川普力薦的藥物有關。

他在申訴書中還提到，當疫苗與治療工作被迫中斷後，他只能聯繫、協助企業增加產能，無法繼續留在戰場上對抗新冠肺炎。他的律師則強調，布萊特被免除主管職務，已違反聯邦政府有義務保護吹哨人的法律。

布萊特指控川普政府，正因為他戳破政府的防疫漏洞，他才會遭到報復；川普反唇相譏，認為布萊特才是讓他「憤怒且不高興」的職員，他所推動「藐視公眾的活動」，讓他感到脅迫與氣餒。

台灣「磐石艦」有三十六人確診新冠肺炎，侵襲率為九％，相較於法國「戴高樂號」的五十二％、美國「羅斯福號」的二十四％、「鑽石公主號」的十九％，染疫率最低、規模也最小；但是在「中央流行疫情指揮中心」四月十八日公布疫情前，敦睦艦隊七百七十名官兵已在三天前下船，足跡遍及全台灣九個縣市、三十個地點，引起民眾極大的恐慌。

四月十七日，一名家住台中清水的磐石艦官兵，在住家附近耳鼻喉科看診，雖然健保卡並未註記旅遊史，但是醫生敏感，進一步追問後發現，他曾經去過帛琉，馬上安排轉診，經篩檢後確定感染新冠肺炎。衛生局感謝這名醫師的機警，及時遏阻了新冠肺炎向外傳播的機率。

台灣在疫情期間，不少居家隔離或檢疫者四處趴趴走，有的擺攤賣菜、有的到學校接小孩、有的自行騎機車就醫、有的入境後不願住進防疫旅館，甚至有一名越南籍移工入境後失聯四十一天，最後被警方找到。

《嚴重特殊傳染性肺炎防治及紓困振興特別條例》二〇二〇年二月二十七日生效，開罰的首例是新竹縣一位林姓男子，父母是竹北大地主、有上億元身家，又是家中么子。他在二月二十五日自北京返台，違反規定外出，刻意將地址改為台北市萬華區，形同失聯，透過警方協尋，並請女友出面溫情喊話，他才卸除心防，主動到案。

家住台北市北投區的四十一歲陳姓男子，三月二十一日自北京返台，入境時故意填寫假資料，失聯長達七十九個小時，最後警方在網咖找到他，並未戴口罩，遭重罰一百萬元。他拒繳罰金，直到法務部行政執行處士林分署查封他名下兩棟房產，才由家人代償。

盧姓台商三月九日入境，不願配合居家檢疫，意圖在高雄小港機場闖關，遭到攔截，遭重罰一百萬元，遲遲不繳，行政執行處台北分署查封他名下九筆土地，並限制出境，他才秀出中國存摺上的一百三十萬元人民幣，表示願意繳納。

新北市淡水的一名女子，曾經過境美國，依規定必須居家檢疫十四天，她卻每天不戴口罩，搭乘大眾運輸系統，經警方、里長多次勸阻無效，遭罰二十萬元，被強制送進集中檢疫所。

一名二月底自廈門入境的李姓男子，四度違反規定外出，遭桃園市重罰一百萬元。他拒繳罰金，遭法務部行政執行署桃園分署管收三天，才願意乖乖配合。

新北市一對江姓夫妻，居家檢疫期間，打算透過小三通前往中國，遭警方攔查，各開罰十五萬元。

一名一月二十一日自中國返台的男台商，隔天下午四點到六點，在高雄市「金芭黎舞廳」消費，全程未戴口罩。一位舞小姐在二十五日覺得喉嚨發癢，打電話給台商，才獲台商告知他得了武漢肺炎，她在震驚之餘，打電話向高雄市衛生局通報，衛生局才發現這名台商並未誠實告知返台後的活動史。

「舞小姐」自行隔離十四天，舞廳停業兩天進行大消毒，原本業者呼籲員工：「要學習那位舞小姐主動通報！」沒想到舞小姐隔離後再也回不去，因此丟了工作。

立委劉世芳為「舞小姐」抱屈，認為她向防疫單位舉發台商，是「吹哨者」勇敢的行為，理當受到表揚，怎麼還反遭舞廳封殺？因此要求高雄市政府出面，依《勞基法》保障她的權益。律師謝岳龍點現行《傳染病防治法》中，缺乏吹哨者保護條款，是問題所在。

已有前例在先，九月初康軒文教集團董事長李萬吉自中國返台，卻六度不戴口罩外出，照樣用餐、運動或主持會議。有新北市議員私下透露，他曾打電話向市議員關說，希望有關單位能豁免他的居家檢疫限制。公司員工家屬擔心李萬吉成為防疫破口，禍延他人，因此主動向《蘋果日報》爆料，唯擔心遭秋後算帳，未料一語成讖。

一名康軒資深女主管控訴，她不過將李萬吉主持會議的照片上傳群組，就被懷疑是吹哨者，在各種壓力下「被辭職」。公司不僅將她的電腦系統權限上鎖、不准她參加會議，還扣住早應入帳的七萬五千元業績獎金。李萬吉事後不知悔悟，竟要求務必找出「搞鬼的人」，電梯口因此出現「出賣公司，還有臉進公司？」「若妳懂得做人道理，請自重！」「公司待我們不薄，誰向媒體爆料出賣公司？」等侮辱性標語。女主管投訴無門，在心灰意冷之下，選擇離開；同時寄出存證信函，並向新北市勞工局申訴，打算討回公道。

黑函使得李萬吉違法事件愈演愈烈。他前面已經因為違反居家檢疫規定遭重罰一百萬元，後面又因為職場霸凌遭新北市勞工局警告，若不改善，將依《職業安全衛生法》進行裁罰。「全國教師工會總聯合會（全教總）」使出殺手鐧，揚言李萬吉若遲遲不出面道歉，不排除串聯勞工團體、受雇者團體、家長和老師、學生，聲援吹哨者，號召師生退訂或不訂康軒學習雜誌。

抗議聲浪在十月十二日達到最高潮，李萬吉終於在同一天出面道歉，並與被害者達成和解。

三重一家藥局的女藥師，因為發現實名制口罩中，附有一張來自中國安徽省的產地證明，向藥師公會和食藥署通報，進而將混充在「口罩國家隊」中的黑心廠商，一一繩之於法。

女藥師發現的黑心口罩，由「加利科技公司」自中國進口，為工業用、非醫療用口罩，總計有三百三十七萬片，偽裝台灣製（MIT）的實名制口罩販售。經檢調搜索，認定負責人林明進涉犯詐欺和妨害農工商等罪，將他移送士林地檢署偵辦。林明進在接受偵訊時坦承犯行，被檢察官諭令以三百萬元交保。

女藥師說，當時她發現箱子裡，有一包不一樣的口罩，感到非常震驚。「早在口罩恢復自由買賣之前，我就聽說，有廠商進口從大陸來的口罩，沒想到混充在實名制的口罩當中。藥局只有我一個人，我先拍照存證，等有空就Po上藥師群組，也打電話向食藥署檢舉。傍晚時，公會理事長、食藥署副署長、發言人和紡研所專家、警察，紛紛前來處理，他們原本要把原件帶走，我說不行，這是證物，到時候食藥署一手遮天，完全不認帳，我不是慘了。」結果食藥署只好拿攝影機，在現場取證。

女藥師進一步說明，以前她拿到的加利口罩，carry的c都是大寫，但後來混充的中國工業用口罩，c通通是小寫，很容易分辨；若當場拿剪刀把口罩剪開，用打火機燃燒，用鼻子一聞，就可以確定不是使用台灣原料。

女藥師認為，發生這種事，不僅壞了「口罩國家隊」的名聲，也讓民眾失去信心，「畢竟政府當初拍胸脯保證過！」

李文亮、歐巴尼最後不幸死在自己的哨音底下；其他不管是中國、美國、甚或台灣的吹哨人，大多下場悲慘。全世界不乏吹哨者，缺少的正是艾芬口中「發哨子的人」。只要是文明國家的政府，都應該扮演這個角色。

附錄一

世界各國著名吹哨人案例

愛德華・史諾登（Edward Joseph Snowden）

前美國中情局（CIA）雇員、美國國安局（NSA）外包技術員，二〇一三年六月在香港將《稜鏡計畫》等秘密，交由《衛報》和《華盛頓郵報》披露，遭到美國和英國的通緝。史諾登前往莫斯科，獲得俄羅斯的永久居留權。

史諾登揭發的美國機密檔案包括：

一、《稜鏡計畫》：美國國安局可以進入九大網路公司伺服器，直接蒐集資料，範圍涵蓋中國大陸與香港的機構和個人。

二、無限制的線民計畫：美國國安局每天蒐集數百萬美國人的電話與電郵資訊，檔案揭露詳細的統計數字。

三、威瑞森案：美國《外國情報監視法》專案法庭裁示，命令電信商威瑞森交出所有通話紀錄，證明國安局不分青紅皂白蒐集數千萬美國人的電話通聯記錄。

四、嚴密入侵作業：從美國出口的伺服器等網路設施，國安局可植入後門偵監工具，重新包裝後再運送出去。美國指控中國華為設備有後門監視功能，但美國也做同樣的事情。

布萊德利．曼寧（Bradley Mannig）

提供給《維基解密》超過七十萬筆資料，包括：美軍在阿富汗和伊拉克濫殺平民、在「關塔那摩美軍監獄」虐囚，以及二十六萬份美國外交電文。他被關押在美國維吉尼亞州寬帝柯（Quantico）監獄長達七年；在歐巴馬執政時期，獲減刑出獄；因兩度拒絕出庭作證，而再度回籠。二〇二〇年三月曾經企圖輕生，後被無罪開釋，重獲新生。

無名氏（John Doe）

提供「莫薩克馮賽卡律師事務所」的內部訊息，經全球八十幾個國家、四百多名「國際調查記者聯盟（ICIJ）」歷經一年多的調查採訪，解構一千一百五十萬份機密文件，迫使藏錢海外的各國政要、軍頭、首富、財團、名人、毒梟、黑手黨、特務無所遁形，太陽照進隱匿在境外「信箱公司」的金額，達數十億美元之多，即所謂「巴拿馬文件」。

丹尼爾．艾斯伯（Daniel Ellsberg）

一九七一年他任職於美國「蘭德公司」，將四十七冊、七千頁、近二百五十萬字的「越戰報告書（又名「五角大廈文件」）」影印給《紐約時報》和《華盛頓郵報》等十九家媒體刊登，戳破甘迺迪、詹森政府介入越戰的正當性。

艾斯伯揭發越戰真相，令美國政府受挫，時任總統尼克森在白宮成立「水管小組」，偷取艾斯伯的精神病歷、竊聽他的電話、還一度打算找人把他做掉。

卡琳・絲克伍（Karen Silkwood）

是美國奧克拉荷馬州新月鎮「科爾—麥吉公司」的女工，在工會擔任執委期間，調查發現工廠回收含有大量放射性鈽同位素的廢水和鈾燃料棒，進行提煉精化後，製成MOX燃料。為了應付訂單需求，公司更竄改「射線探傷（利用射線穿透進行檢測）」結果，使存在嚴重問題的鈽燃料，流向市場。

一九七四年她向美國原能會（AEC）檢舉，但聽證會後公司並未遭到裁罰，她反而被調離職務。同年十一月，她發現自己身上帶有超過四百倍劑量的鈽含量，經過追蹤調查，懷疑公司可能對她投毒，凶器就是十一月五日她從公司帶回公寓採集尿液和糞便的採樣用具。

她帶著兩大袋資料，與《紐約時報》記者會合途中，意外車禍身亡。

凱薩琳・甘恩（Katharine Gun）

英國情報機構「政府通訊總部（GCHQ）」翻譯，為阻止伊拉克戰爭爆發，向《觀察家報》提供「聯合國安理會」支持美軍攻打伊拉克的決議文件，卻未能阻止戰爭發生，美國依然在消息刊登後兩個禮拜入侵伊拉克，甘恩則因為違反《官方機密法》罪名，遭到逮捕。為此，英國有一百萬人走上街頭，抗議政府未經授權非法出兵，甘恩的律師也以同樣的理由作為訴求，英國政府為了息事寧人，而免除她的罪刑。

辛西亞．庫柏（Cynthia Cooper）

二○○二年爆發的「世通案」，堪稱美國有史以來最大一宗會計醜聞案。有一天，擔任審計副總裁庫柏手下一名審計人員發現，一筆高達五億美元的支出，找不到任何收據與文件，立即向庫柏報告，她因此展開調查。過程中，公司首席財務長出面制止，揚言開除她。她並未屈服，帶著審計團隊，漏夜加班，從堆積如山的帳冊中找尋證據。一個多月後，揭發高達三十八億元的假帳事件，導致世通公司破產，員工也失去工作。

科琳．羅利（Collen Rowley）

任職於「聯邦調查局（FBI）」期間，羅利向局長米勒與兩位參議員遞交一封長達十三頁的信件，指責FBI故意拖延、隱瞞對恐怖份子穆沙維（九一一主嫌）的調查，因此喪失打亂「九一一」布局的機會。羅利因此登上二〇〇二年的《時代》雜誌的封面；穆沙維則在二〇〇六年被判處六個終身監禁。

沙朗．沃特金斯（Sherron Watkins）

因揭發「安隆案」，與羅利、庫柏並列二〇〇二年《時代》雜誌年度人物。

事件緣起於安隆首席執行官傑弗瑞．斯基林在職期間，透過會計漏洞，隱藏大約十億美元的公司債務，除了誤導公司董事會和審計委員會外，還對五大審計公司之一的「安達信審計公司」施壓，隱瞞真相。

安隆財務主管沙朗．沃特金斯，在二〇〇一年八月即將公司會計違規事實寫成備忘錄，發給公司總裁肯尼斯．雷，後來成為美國「證交會」調查安隆案的有力證據。沃特金斯的吹哨，導致安隆公司倒閉，安達信審計公司也就此解體。

傑佛瑞．維根（Jeffry Wigand）

曾在美國第三大菸草公司「布朗與威廉森菸草公司（Brown & Williamson）」擔任

研發中心主任，一九九一年在備忘錄中表達對菸草添加劑的擔憂；第二年三月遭到解雇，隨即接受「哥倫比亞廣播公司（CBS）」《六十分鐘》節目專訪，揭露公司在知情下，於菸草中添加尼古丁。維根的故事被拍成電影《驚爆內幕》。

彼得．布克星頓

美國公共衛生局性病部門，自一九三二年到一九七二年間，與歷史悠久的一所黑人大學「塔斯基吉」合作，針對有梅毒的三百九十九位和沒有梅毒的二百〇一位非洲裔男性，進行一系列人體試驗，卻謊稱為治療敗血病，從未告知當事人真相。這些人生活貧困，被免費醫療、餐點和喪葬保險所吸引。

一九四三年，醫學界發現青黴素可以治療梅毒，但研究人員卻持續進行實驗，故意不對患者採取有效治療。

一九六六年美國衛生部舊金山分部性病研究員布克星頓，寄給總部一封信，表達他對「塔斯基吉梅毒試驗」倫理和道德上的擔憂，但未能發揮任何效用。直到一九七二年《華盛頓星報》報導了這個故事，隔天並成為《紐約時報》的頭條，參議員愛德華．

甘迺迪才在國會召開聽證會，柯林頓總統也正式道歉。美國政府最終賠償了一千萬美元，並承諾給倖存者及家人免費醫療。

莫迪凱・瓦努努（Mordechai Vanunu）

一九八五年夏天，瓦努努在以色列核研究中心「迪莫納」基地任職，在一次人事調動中被解雇。走之前，他把兩卷膠捲帶走。

一年後，他將以色列擁有核武的秘密告訴英國《星期日泰晤士報》的記者，寫成「以色列秘密核庫」一文，他因此遭到以色列情報機構摩薩德（Mossad）全面追緝，後來在義大利逮捕到他，經秘密審判，判處十八年徒刑。

史坦利・亞當（Stanley Adams）

在全球最大藥廠「羅氏」（Hoffmann La Roche）擔任高級主管，一九七三年發掘公司涉嫌違反《羅馬公約》第八十六條，禁止公司濫用市場獨占地位，具名向「歐洲經濟共同體（EEC）」檢舉，特別在檢舉信的左上角以大寫強調此為「私人與機密」，要求不要曝露其身分。

「羅氏」在一九七六年遭到調查，證實史坦利所言為真，遭到二十五萬英鎊的裁罰，他原本以為可以辭職了事，未料EEC將文件外流，「羅氏」取得後，指控他涉犯「商業間諜罪」與「竊盜罪」，而遭到警方逮捕，遭監禁三個月，他的太太在此間不幸自殺身亡。

雖然史坦利面臨「羅氏」提起的訴訟，但他向EEC提出損害賠償的告訴，最後獲得勝訴，贏得五十萬英鎊的賠償。

卡羅．歐巴尼（Carlo Urbani）

「世衛組織（WHO）」派駐在西太平洋地區的感染病主任，二〇〇三年二月二十一日，美籍台商陳強尼（Jonny Chen）在香港酒店感染SARS，二十六日病倒在越南河內的法國醫院裡，歐巴尼醫師立刻建議採取嚴格的隔離措施，並通報WHO和越南當局，必須正視這個前所未有的新病毒。WHO因此在三月十二日向全世界發出警訊。

三月十一日法國醫院封院，歐巴尼到曼谷參加一項會議，感覺自己發燒，隨後住進曼谷醫院，一個禮拜後病逝。

李文亮

中國武漢市中心醫院的眼科醫師，二〇一九年十二月三十日晚間五點四十三分，於「武漢大學臨床04級」微信群組貼出「華南水果海鮮市場確診了七例SARS」等信息，並附上檢驗報告和胸部電腦斷層檢查。

二〇二〇年一月一日下午五點三十八分，遭到武漢市公安局的傳喚，被迫在訓誡書上簽名、蓋指紋，後經中紀委調查後撤銷。

事件之後，他仍堅守工作崗位，未料在一月十日出現症狀，住進加護病房，三十一日確診感染新冠肺炎，二月七日官方通報他已於凌晨二點五十八分病逝，年僅三十四歲。

附錄二

行政院揭弊者保護法草案

條文	說明
第一條　為維護公部門及私部門揭弊者之權益，特制定本法。 揭弊者之揭弊程序及保護，依本法之規定。但其他法律之規定更有利於揭弊者之保護者，從其規定。	一、本法採公部門與私部門合併立法之方式，所稱之揭弊者限於機關（構）「內部人員」，並藉此與不限內、外部人均得為「檢舉」之概念有所區別。 二、因內部人員對弊端之發生與經過有第一手之資料，若能主動揭發，則事先能防止發生，事後能追究責任，其揭弊功效超乎其他一般民眾，然因其屬於被揭弊者之部屬或員工，可能遭受解僱、降級、減薪等報復措施，故有立法保護之必要，爰為第一項之規定。

三、為落實保護從優之精神，有關本法對於揭弊者之保護措施與其他各法競合時，原則依本法規定為之。但其他法規對於揭弊者如有較有利之保護規定者，則分別適用該更有利揭弊者之保護規定，惟基於資源分配精神，避免重複保護，揭弊者不得依不同法規請求同時適用相同類型之保護措施，爰為第二項之規定。故本法第三條弊案範圍以外部分，非本法保護範圍，其他法規如有提供保護措施，自應優先適用，併予敘明。

四、上開說明已就「揭弊」與「檢舉」之概念明確區分，則一般檢舉程序、檢舉人之保護，如目的事業主管機關依權責要求所轄單位遵循之一般檢舉程序及規範，非本條所稱「揭弊程序」或「揭弊保護」，自不受本法之影響。有關其他法規之自首、自白減刑規定，屬司法機關審理時量刑參考，故其他法規之減刑規定與本法第十三條之減刑規定得同時為法院量刑之參考，不在第二項之適用範圍。

第二條　本法之主管機關為法務部。
本法所定事項，涉及各目的事業主管機關職掌者，由各該目的事業主管機關辦理。目的事業主管機關有爭議者，由法務部確定之。

一、本法之制定與修正由法務部負責，爰為第一項之規定。
二、本法所定事項包含受理揭弊、案件調查、揭弊者相關保護措施（如身分保密、工作權保障、報復行為人之裁罰、各項揭弊獎金之訂定與發放等）之執行，均可能涉及中央及地方目的事業主管機關職掌，例如受僱勞工因雇主違反勞動法令所提申訴之勞動爭議案件，係以勞動部及地方勞動主管機關為主管機關；參酌公務人員保障法第四條第二項規定，公務人員保障事件，則由公務人員保障暨培訓委員會為主管機關。另因本法涉及目的事業主管機關繁雜，為免爭議，參酌臺灣地區與大陸地區人民關係條例施行細則第四十六條第二項，明定主管機關不明時，由法務部確定之原則，爰為第二項之規定。
三、若勞工與雇主因本法所生勞動爭議，仍得依各該法律提起救濟，例如權利事項勞資爭議之救濟管道，可透過勞資爭議處理法之調解、

	仲裁或裁決，亦可同時透過民事訴訟、勞動事件法進行訴訟救濟。
第三條　本法所稱弊案如下： 一、犯刑法瀆職罪章之罪。 二、犯貪污治罪條例之罪。 三、包庇他人犯罪之行為。但以法律有明文規定刑事處罰者為限。 四、違反公職人員利益衝突迴避法得處以罰鍰之違規行為。 五、其他重大管理不當、浪費公帑、濫用權勢，或對國民健康、公共安全造成具體危險之行為，有受監察院彈劾、糾舉或糾正之虞者。 六、違反法官法第三十條第二項第七款或第八十九條第四項第七款之應付評鑑行為。 七、附表一所列或其他經主管機關公告之犯罪、處以罰鍰之違規行為。	一、影響政府廉能之不法資訊揭露，均屬本法所稱之弊案，故有關公務員貪瀆相關犯罪行為與違規行為，並包括其他重大管理不當、浪費公帑、濫用權勢之行為，或對國民健康、公共安全造成具體危險之行為，而有受監察院彈劾、糾舉或糾正之虞者，爰參考美國立法例，為第一款、第二款、第四款及第五款之規定。 二、第三款所稱「包庇他人犯罪」之行為，以刑法或其他特別刑法有明文處罰「包庇罪」之刑事犯罪者為限，例如刑法第二百六十四條、人口販運防制法第三十六條、懲治走私條例第十條等公務員包庇罪，如公務員僅消極之不為舉發者，不在此限，爰為本款之規定。 三、揭發之犯罪不以貪污瀆職罪為限，尚包括影響國計民生、危害公共健康與安全、違反公益之犯罪與違規行為，審酌刑法公共危險罪、

	八、附表二所列或其他經主管機關公告之犯罪、處以罰鍰之違規行為、應付懲戒之行為。
	偽造文書罪及人口販運與兒少性交易案件類型影響社會公益性甚高，且犯罪型態隱密，亟需鼓勵內部員工勇於揭弊並列為本法保護之範圍。另整合近年社會矚目之公益通報案件類型，考量社會民情需求，及本法首次規範揭弊保護範圍宜審慎訂定，爰以金融、環保、國土保育、衛生醫療、勞動安全與政府採購權益等特別刑法之犯罪行為為揭弊範圍，排除一般行政義務違反行為，以避免揭弊保護範圍過大。基於私校教育及社會福利之重視，擇定違反性別平等教育法、私立學校法、兒童及少年福利與權益保障法、身心障礙者權益保障法及老人福利法之行政違規行為，列入本法揭弊保護之範圍，爰為第七款、第八款之附表一、附表二規定。另第六款於司法公正領域，將法官與檢察官之倫理規範納入公部門揭弊範圍；第八款附表二於私部門揭弊範圍，亦有將違反律師倫理規範之應付懲戒行為納入揭弊範圍。

	四、為因應社會變遷並鼓勵不同弊端類型之揭弊者，本法施行後，除列舉之弊端項目外，有增列概括條款之必要，使主管機關得視實務需要，並與附表一及附表二所列行為態樣具相當程度之公益性時，得適時調整本法保護之弊端項目範圍，爰於第七款及第八款增訂授權主管機關以公告方式補充弊端項目之規定。
第四條　本法所稱受理揭弊機關如下： 一、公部門之政府機關（構）主管、首長或其指定人員、私部門之法人、團體、雇主或其關係企業之主管、負責人或其指定人員。 二、檢察機關。 三、司法警察機關。 四、目的事業主管機關。 五、監察院。 六、政風機構。	一、第一項規定受理揭弊機關範疇，包含公部門之政府機關（構）之主管、首長或其指定之人、私部門之主管、負責人或其指定之人、檢察機關、司法警察機關、目的事業主管機關、監察院及政風機構，揭弊者得依其身分別或揭弊內容之特殊限制，在數有權受理機關中擇一提出揭弊，均為本法規定之第一層受理揭弊機關。 二、第一項第一款係為給予政府機關（構）自我檢討改正與內部查證不肖份子之機會，所稱公

揭弊者為現役軍人或情報人員，其揭弊限於向前項第一款、第二款、第五款或第六款之機關（構）、人員為之，始受本法保護。

揭弊內容涉及國家機密保護法之國家機密者，應向下列機關揭弊，始受本法保護：

一、涉及機密等級事項，應向第一項第二款或第五款之機關為之。

二、涉及絕對機密及極機密等級事項，應向最高檢察署為之。

受理揭弊機關，認所受理之揭弊內容非其主管事項時，應將案件移送各權責機關，並通知揭弊者。揭弊案件經移送各權責機關者，仍依本法規定保護之。

部門之主管、首長或其指定人員，係指被揭弊者所屬政府機關（構）之內部直屬主管、首長或其指定人員。所稱私部門之主管、負責人，依商業登記法第十條第一項規定「本法所稱商業負責人，在獨資組織，為出資人或其法定代理人；在合夥組織者，為執行業務之合夥人。」；至財團法人或社團法人，則指董事、執行長。

三、第一項第六款所稱政風機構依政風機構人員設置管理條例第三條第一項，指中央與地方機關（構）及公營事業機構掌理政風業務之機構。

四、第二項所稱現役軍人，係參考軍事審判法第二條，指依兵役法或其他法律服現役之軍官、士官、士兵；所稱情報人員，係依國家情報工作法第三條，指情報機關所屬從事相關情報工作之人員。前開人員均有其特殊之服從性質，復其職務經常涉及國家安全，故其提出揭弊之第一層受理機關應予限縮，以具有對外獨立性的檢察與監察機構、內部主管、首長或其指定人員及軍情機關之政風機構為限，爰參考美國立法例，為第二項之規定。

五、揭弊內容涉及國家機密保護法所定之機密等級事項者，其揭弊限於向第一項第二款或第五款具獨立性之機關為之，以兼顧國家安全與利益；揭弊內容涉及國家安全之絕對機密與極機密事項之案件時，更不容有任何之洩漏，故其揭弊應向最高檢察署為之，由具有民意基礎與犯罪調查權之檢察總長親自或指揮其他檢察官進行調查，爰參考美國立法例，為第三項之規定。

六、揭弊者誤向非主管權責之受理揭弊機關提出揭弊或經受理揭弊機關調查後，認非其主管事項，如檢察機關偵查終結後認未涉及犯罪，但仍有本法第三條所列違規行為或其他情事者，應移送各權責機關辦理，或如政風機構調查後認疑涉有犯罪情事時，亦應即移送檢察機關或司法警察機關偵辦。受理揭弊機關

	之管轄，依刑事訴訟法或行政程序法等相關規定辦理；至揭弊案件經移送其他權責機關續行辦理者，仍依本法規定保護之，爰為第四項之規定。
第五條　本法所稱揭弊者如下： 一、公部門揭弊者：指公務員或接受政府機關（構）僱用、定作、委任而從事工作獲致報酬之人，有事實合理相信政府機關（構）或其員工、其他公務員涉有第三條第一款至第七款所列之弊案，具名向前條第一項受理揭弊機關提出檢舉者。 二、私部門揭弊者：指接受公司、獨資或合夥商號、非法人團體、財團法人或社團法人之僱用、定作、委任而從事工作獲致報酬之人，有事實合理相信任職或提供勞務對象之法人、團體、雇主或其關係企業、員工，涉有第三	一、公部門揭弊方面，公務員採最廣義之公務員定義，即依國家賠償法第二條第一項規定之「依法令從事於公務之人員。」故無論文武職、地方自治人員、編制內外、聘僱人員或臨時派用人員均屬之，至於是否受有俸給則不在所問。此外，因承攬契約、委任契約而提供勞務給政府機關（構）之工作者或其受僱人、派遣人員，亦有可能得知政府機關（構）之弊案，故此等人揭弊時亦應受保護。復因各公務機關（構）間業務與人員往來頻繁，資訊互通，故公務員所揭弊之情事不限其任職機關，而包括所有政府機關（構）之弊案，屬廣義的內部人檢舉，爰於第一項第一款明定公部門揭弊者之定義。

條第七款或第八款之弊案，具名向前條第一項第一款至第四款之受理揭弊機關提出檢舉者。

前項第一款所稱揭弊之公務員，指政務官及各級民意代表以外，適用國家賠償法之公務員；所稱政府機關（構），指中央與各級地方政府機關、行政法人、公立學校、公立醫療院所、公營事業、政府捐助之財團法人。

二、私部門之內部人員並不以具有勞務契約關係之民法上受僱人為限，尚包括因承攬、委任而提供勞務之人。所稱關係企業之定義，係依公司法第三百六十九條之一以下規定，爰參考美國與日本立法例，為第一項第二款之規定。

三、揭弊者揭弊時必須有一定之心證程度始受本法保護，惟依本法所提出之揭弊，僅在提供受理揭弊機關啟動調查，並避免誣告濫訟之情事，故其揭弊之門檻不宜過高，揭弊者依其揭弊時之具體情狀，加以觀察、判斷、客觀上足使一般人產生合理懷疑，即為已足，爰參考「刑事案件確定後去氧核醣核酸鑑定條例」第二條之用語及最高法院一百零六年台上字第一一五八號判決，以「有事實合理相信」為門檻。另第四條規定多元之受理揭弊機關，且為使受理揭弊機關得依第六條為立案與結案通知，並避免揭弊者濫行舉發，故以具名為要件，如揭弊內容明顯虛偽或無

	具體內容，自不受保護。至揭弊之動機，則在所不問。 四、參酌政務人員退職撫卹條例第二條規定，政務官係參與國家大政方針之決策並隨政黨選舉成敗或政策改變而進退之公務員，而各級民意代表則係經由選舉而產生，二者之職位與職務之保障均不同於一般事務官公務員，故不屬本法所稱公部門之揭弊者範疇，但仍為本法被揭弊之對象，爰參考美國立法例，為第二項前段規定。另就本法涵蓋之「政府機關（構）」除各級政府機關外，就行政法人、公立學校、公立醫療院所、公營事業、政府捐助之財團法人，亦屬涉及公權力行使、公款運用或國家社會政策與公共福利之一環，爰於第二項後段明定本法適用之政府機關（構）範疇。 五、第二項後段所稱政府捐助之財團法人，指財團法人法第二條第二項、第三項規定之財團法人。

第六條　揭弊者向受理揭弊機關揭弊後，未於二十日內獲受理調查之通知，經促請辦理後於十日內仍未獲回應，而具名向下列人員或法人揭弊者，自其向受理揭弊機關揭弊時起，依本法規定保護： 一、中央或地方民意代表。 二、具公司登記之媒體業者。 三、具法人登記之民間公益團體。 揭弊者經受理揭弊機關受理調查後為查無實據之結案通知後，再向前項人員或法人揭弊者，以該案另經起訴、裁定交付審判、懲戒、懲處、懲罰、彈劾、糾正、糾舉或行政罰鍰者為限，依本法規定保護之。 前二項之揭弊內容，不適用第十二條規定。
一、向民意代表、媒體業與民間公益團體爆料，固亦有預防或減少國家與社會損失之效果，然因此等機關（構）人員並無行政或犯罪調查權，如揭弊內容不實所造成之企業與社會衝擊亦甚鉅大，故將此三者列為第二層之受理揭弊對象，以求一均衡點，爰訂定第一項。 二、揭弊者應先向有權調查之第一層受理揭弊機關具名提出揭弊，經第一層受理揭弊機關於一定期限內未予回應受理案件通知，或查無實據結案後，始例外得向第二層之人員與機關（構）提出揭弊，而受本法保護。揭弊者依第一項規定對於未獲回應之案件，復向第二層機關進行外部揭弊時，自其初始向第一層受理揭弊機關提出揭弊時起，即受本法規定保護之。 三、若揭弊者先向第二層揭弊，或同時向第一層及第二層之人員與機關（構）揭弊，或在第一層受理揭弊機關依法調查期間，復向第二層或其他人洩漏揭弊內容，均不受本法保護。

但同時向同一層之不同機關（構）揭弊者則仍受保護。

四、若揭弊案件業經第一層之受理揭弊機關為查無實據之結論，則應課以揭弊者更高之揭弊保護要件，在第二層揭弊之情形下，應以該揭弊案件最終獲有具體結果者為限，以提高本法保護之門檻，爰於第二項明定以案件獲有起訴、裁定交付審判、懲戒、懲處、懲罰、彈劾、糾正、糾舉或行政罰鍰等具體客觀不法或違規情事者，受本法保護之。

五、考量國家機密涉及之國安因素與揭弊者言論免責權之衡平，仍應課予揭弊者就涉及國家機密事項時應注意保密之規範。本條之揭弊若涉及國家機密、營業秘密或其他依法應保密事項者，揭弊者須自行過濾資料，就可能涉及秘密事項之內容予以隱匿、遮掩或其他適當方式避免洩漏，例如就涉案人員、機密案件或營業機密等足以辨識確實的對象或具體的內容以代號為之，否則須負洩密責任，不適用第十二條之洩密免責保護，爰為第三項之規定。

第七條　政府機關（構）、法人或團體、個人，不得因第五條第一項所列公務員或從事工作獲致報酬之人（下稱內部人員）有下列行為，而意圖報復對其採行不利之人事措施：

一、揭發弊案。

二、配合弊案之調查或擔任證人。

三、拒絕參與弊案之決定或實施。

四、因前三款之作為而遭受不利人事措施後，依法提起救濟。

前項所稱不利之人事措施，指下列情形之一：

一、解職、撤職、免職、停職、解約、降調，或不利之考績、懲處、懲罰及評定。

二、減薪（俸）、罰款、剝奪或減少獎金、

一、第一項所稱個人，包含第五條第一項第一款列舉政府機關（構）之員工、其他公務員及同條項第二款所稱任職或提供勞務對象之雇主或其員工；所稱從事工作獲致報酬之內部人員，包含第五條第一項各款所稱接受政府機關（構）僱用、定作、委任及接受公司、獨資或合夥商號、非法人團體、財團法人或社團法人之僱用、定作、委任之人。另參酌水污染防治法第三十九條之一第一項規定，本法保護之揭弊作為，不限於「揭弊」本身，尚及於配合調查、擔任證人，弊案發生時不願意同流合污者，及揭弊者因遭受不利人事措施提起救濟後，二度遭受不利人事措施者，爰為第一項之規定。

二、第二項定明前項所稱不利人事措施，參酌美國法立法例，分別規定第一款係對內部人員

退休（職、伍）金。 三、與陞遷有關之教育或訓練機會、福利、特殊權利之剝奪。 四、工作地點、職務內容或其他工作條件、管理措施之不利變更。 五、無故揭露揭弊者之身分。 因第一項各款行為而受不利人事措施之內部人員得為下列請求： 一、回復其受不利人事措施前之職位及職務；其原職位已補缺或經裁撤者，回復至相當之職位及職務。 二、回復其原有之年資、特殊權利、獎金、退休（職、伍）金、福利、工作條件及管理措施。 三、受人事不利措施期間俸（薪）給或工資之補發，及財產上損害之賠償。 四、受有身體、健康、名譽、自由、信用、隱私，或其他人格法益之侵害者，雖非財產上之損害，亦得請求賠償相當	為解職、撤職、免職、停職、解約、降調、不利於其身分、官職等級之人事行政行為，所稱撤職指陸海空軍懲罰法第十二條、第十三條等相關法令之人事行政處分措施；所稱免職係指公務人員考績法第七條及第十二條，警察人員人事條例第三十一條，交通事業人員考成條例第五條、第六條、第十條等相關法令之人事行政處分措施；所稱停職指警察人員人事條例第二十九條第二項等相關法令之人事行政處分措施。依公務員懲戒法或法官法所為具司法懲戒性質之撤職、免職等懲戒決定均不在本項規範之範圍內；第二款係對俸給薪資、獎金、退休（職、伍）金之處分；第三款指受訓機會、福利或特殊權利之剝奪，如專用辦公室、電梯、停車位、貴賓室使用、免簽到簽退等職場上之特別禮遇或權限。第四款所稱工作條件、管理措施不利變更等情形，包括剝奪其原有接觸特殊資訊之權限、特殊會議之出席及輔助人員之提

之金額。其名譽被侵害者，並得請求為回復名譽之適當處分。
前項第三款所定財產上損害之賠償，包括俸（薪）給或工資以外其他期待利益之合理估算金額，及遭受不利人事措施後依法提起救濟所合理支出之必要費用。
訂有禁止內部人員為第一項第一款至第四款行為之約定者，其約定無效。

供等工作上之支援與後勤；另考量現行職場霸凌對員工之實質影響甚大，爰對於故意揭露揭弊者身分而排擠或孤立（含採行報復性調查）之行為，一併列入不利人事措施之範疇，為第五款之規定。

三、為有效落實內部人員工作權之保障，就內部人員因第一項各款行為受有不利人事措施而為救濟時，賦予一獨立之請求權，內部人員得據以請求回復原狀及損害賠償，含財產上及非財產上之損害賠償，爰於第三項第一款至第三款明定回復原有工作權益狀態、工資補發及財產上損害賠償；另參酌民法第一百九十五條規定，明定第四款針對非財產上損害亦得請求賠償。另因本法保護對象涵蓋公、私部門人員，依其身分就相關請求權之行使，本即得分別歸類為公法上或私法上請求權性質，本項就內部人員所得請求之法律效果未予分列，故就各款請求權性質應依個別事件性質續行認定屬公法或私法性質之請求權類型。

四、具公務員身分之內部人員為第二項請求權時，因涉及現有公務員保障制度，其損害賠償請求權之行使應依本法第九條第二項時效之規定為之，始得適用第八條舉證責任分配原則及第九條第一項揭弊抗辯優先調查之規定，如內部人員依民法、國家賠償法或其他法律行使請求權，自不受第九條第二項短期時效之限制，亦不得援引前開第八條及第九條第一項之規定。

五、第四項所稱期待利益，包含揭弊者依一般經驗，可得期待領取之加班費與績效獎金、年終獎金等經常性給與等期待利益之損失，惟此等報酬原應有勞務之實際支出始得支領，故僅能用估算方式計算之；所稱合理支出之必要費用，包含對於人事行政行為救濟程序所合理支出之必要程序費、交通費、差旅費、律師費等，爰參考美國立法例，為第四項之規定。至第三項第四款所稱非財產上之損害含身體、健康、名譽、自由、信用、隱私上之損害，及被同事孤立、歧視之精神上痛苦（屬其他人格法益）等損害。

六、第五項所稱訂有禁止揭弊條款者，該約定無效，係指該禁止揭弊條款之部分無效，而非派令、協議、契約全部無效，參酌民法第一百十一條但書，為第五項之規定。

七、參酌公務人員任用法第二十八條第三項規定，揭弊者於遭受不利人事措施期間所為之職務行為，不因其原受不利人事措施救濟成功而失其效力。

第八條　前條第二項所定不利人事措施之爭議，應先由受不利人事措施之內部人員證明下列情事：

一、有前條第一項各款之行為。

二、有遭受前條第二項之不利人事措施。

三、第一款行為之發生時間在前款不利人事措施之前。

一、參酌水污染防治法第三十九條之一第三項就舉證責任轉換規定為雇主對於該不利處分與第一項規定行為無關之事實，負舉證責任。係對消極事實舉證，且欠缺受僱人之證明責任，爰參考美國立法例，採取積極之舉證責任分配，且不限於司法訴訟階段始有適用，揭弊者因不利人事措施提起行政救濟時，亦

內部人員為前項證明後，該等人事措施推定為有違反前條第一項規定。但任職之政府機關（構）、法人、團體或其主管、雇主證明縱無該等行為，其於當時仍有正當理由採相同之人事措施者，不在此限。	應依本條規定為舉證責任之分配，爰為第一項、第二項之規定。 二、第二項明定雇主得積極舉證反駁，例如受僱人本來就有侵占款項之行為，其本就會採取解職之措施，或舉證證明在相同情形下，其他同仁亦將受有相同之不利人事措施，則其不利之人事措施並非本法所不許者。所稱「當時」指採取不利人事措施時之考量因素，不含事後新發生之因素。若日後新發生正當理由始採取之不利人事措施，則其前一次不利人事措施之損害賠償計算，自應以新事實之發生日為終止點。
第九條　公務員於申訴、再申訴、復審、訴願、評鑑、懲戒、行政訴訟或其他人事行政行為救濟程序中，主張其有第七條第一項各款之行為，而遭移送或受有不利人事措施者，應先於其他	一、公務員遭受不利人事措施依法提起救濟時，如主張該不利人事措施係因其揭弊行為所致，則其揭弊抗辯應優先調查，並依調查結果而為成立或不成立之認定，爰為第一項之規定。

事證而為調查，並依調查結果而為成立或不成立之認定。

具公務員身分之內部人員因受第七條第二項第一款至第四款不利人事措施所生同條第三項第三款及第四款之賠償請求權，自政府機關(構)依前項主張作成回復原狀、行政救濟為有理由之決定確定之日起；因第七條第二項第五款不利人事措施所生之賠償請求權，自知悉事實發生之日起，六個月間不行使而消滅。

具公務員身分之內部人員主張其因有第七條第一項各款之行為而遭移送懲戒，經公務員懲戒委員會或職務法庭審理後，認定其依第一項之主張成立並為不受懲戒之判決確定者，亦得請求第七條第三項第三款及第四款之賠償，並準用前項時效之規定。

二、有關具公務員身分之內部人員受有不利人事措施時，應依其原有身分別適用法令提起救濟，如依公務人員保障法規定先行提起申訴、再申訴、復審，或依訴願法提起訴願等救濟程序，如依其主張之揭弊者抗辯後，經行政救濟程序，作成不利人事措施救濟成功者，得於機關自行回復原狀或行政救濟成功而獲有理由之決定確定者，足認公務員確有因揭弊行為而受不當處遇時，公務員就遭受不利人事措施期間所受損害，及因揭弊者身分遭故意洩漏而受之損害，應續行提供損害賠償之請求權，為避免不利處遇之影響過久，本法之損害賠償請求權為特殊之短期時效請求權，六個月間不行使而消滅，如逾六個月，內部人員仍得依其他民事法規請求之，爰為第二項之規定。如揭弊者未能於行政救濟程序獲有回復原狀或撤銷不利人事措施之結果，亦不得依本法另行提起損害賠償請求。至揭弊者如依公務人員保障法第七十二條規前二項請求權之行使，不妨礙依民法、國家賠償法或其他法律所得行使之權利。

法院於第二項、第三項審理期間，必要時得徵詢兩造同意後，由律師公會、以公益為目的之社團法人或財團法人、同業公會、工會、主管機關或檢察署，就法律與事實爭點提出書狀，供法院認事用法之參考。第十條第一項審理期間，亦同。

定不服復審決定，及依行政訴訟法第四條規定不服訴願決定者，本即均得依法提起行政訴訟，並依行政訴訟法第七條合併請求損害賠償或其他財產上給付，屬公務員現有保障制度，仍得依其規定併同請求，自不待言。

三、考量公務員僅因為揭弊行為而遭報復性之不當移送懲戒，於公務員懲戒委員會或職務法庭認定公務員依第一項之揭弊抗辯主張成立並為不受懲戒之判決確定者，就其遭移送審理期間，公務員之信用、名譽等人格權所受損害，亦應給予必要之賠償請求權，爰為第三項之規定。

四、第四項規定依據請求權競合之法理，公務員本得選擇行使其原有國家賠償法或民法侵權行為之請求權，惟此時應不得援引第八條舉證責任分配之規定。

五、揭弊者保護涉及公益，法院於個案之決定影響深遠，故宜引進「法庭之友」制度，讓公益團體、同業公會、工會、主管機關或檢察

	署得針對事實與法律表示意見，以協助裁判者妥適認定事實與適用法律，爰參考美國立法例，為第五項之規定。
第十條　未具公務員身分之內部人員因受不利人事措施所生第七條第三項之請求權，自知悉事實發生之日起，六個月間不行使而消滅。 前項請求權之行使，不妨礙依民法或其他法律所得行使之權利。 依第七條第三項第一款復職顯有事實上之困難時，雇主得給付受僱人不低於其適用勞動基準法、勞工退休金條例或其他法規所規定之資遣費、退休金及三個月以上補償金之總額，合意終止勞務契約。 前項補償金依受僱人為第七條第一項各款行為之前一月工資計算。 第一項之內部人員為政府機關（構）、法人或團體編制內支領俸（薪）給而訂	一、為使法律關係早日確定且避免事證消失，參酌第九條第二項及第四項，爰為第一項、第二項之規定。 二、私部門之復職方面，若事業單位恢復內部人員之職務顯有困難，勞雇雙方得以合意方式協商解決爭議，為避免受僱人於合意內容協議時處於弱勢，就合意內容明定最低保障之宣示規定，除三個月以上之補償金總額外，另應包括資遣費、退休金，爰為第三項之規定： （一）適用勞動基準法之受僱人，不低於勞動基準法及勞工退休金條例關於資遣費、退休金之計給標準。 （二）不適用勞動基準法之受僱人，不低於依其適用法規（如學校法人及其所屬私立學校教職員退休撫卹離職資遣條例、各

有委任契約者，得準用前二項規定請求三個月以上之補償金。但契約約定有利於內部人員者，從其約定。

機關學校聘僱人員離職給與辦法等）關於退休金、資遣費之計給標準。

（三）至如無勞動法令或其他法規適用之受僱者，其退休金、資遣費從其契約約定。

三、上開補償之給付時點，由勞雇雙方約定之，如未約定者，雇主應於契約終止時給付之。另，如雇主有拒絕受僱人復職之情形，因已涉違反勞動契約，損及其勞動權益，第三項規定不影響受僱人得依勞動基準法第十四條規定主張終止契約及請求資遣費之權利。

四、為使揭弊者得有合理時間另尋工作，明定雇主應依其為第七條第一項各款行為前一月之工資為基準，提供三個月以上之待業補償金，爰為第四項之規定。

五、考量私企業內部高階人員或保險從業人員、房仲人員等亦有為內部揭弊之可能，而前開特定行業人員與企業間係屬委任關係，無勞動法規之適用，本法為提供內部受委任人員工作權之保障，就編制內固定支領俸（薪）給

	之受委任人員亦得請求待業補償金，如為企業編制外之外部委任關係，如法律顧問、會計師等則不在本項適用範圍，爰為第五項之規定。
第十一條　違反第七條第一項規定者，其具有公務員身分者，按其情節輕重，依公務員懲戒法、公務人員考績法或其他相關法規予以懲戒或懲處；未具公務員身分之人、法人、團體者，由各目的事業主管機關處新臺幣五萬元以上五百萬元以下罰鍰，但其他法律有較重之處罰規定者，從其規定。	一、參酌公務人員行政中立法第十六條規定，就公務員對揭弊者施以報復性不利人事措施者，應按其情節輕重，依公務員懲戒法、公務人員考績法或其他相關法規予以懲戒或懲處；未具有公務員身分之自然人、法人或團體，由揭弊案件之目的事業主管機關依違反情節處以行政罰鍰。 二、如揭弊案件目的事業主管機關不明或涉及數個主管機關權責，而無法確定裁罰機關者，由法務部依第二條第二項確定主管機關。 三、依行政罰法第二十四條規定，為達嚇阻效用，對施以報復行為之行為人，應予從重處罰，如一行為違反二以上行政法規定時，罰鍰從重，如各單行法規所定之裁罰種類與本法不

	同者，則得併為裁處。故各單行法規如定有罰鍰以外之其他裁罰，如勞動基準法第八十條之一、職業安全衛生法第四十九條規定，對於違規之事業單位或事業主得公布名稱、負責人姓名，得併予處罰。
第十二條　揭弊者向受理揭弊機關之陳述內容涉及國家機密、營業秘密或其他依法應保密之事項者，不負洩密之民事、刑事、行政及職業倫理之懲戒責任。其因揭弊向律師徵詢法律意見者，亦同。	一、揭弊者揭弊時若向受理揭弊機關洩漏依法應保密之事項者，是否屬刑法第二十一條之「依法令之行為」而不罰，尚有爭議，為明確化，爰參酌美國立法例，為本條之規定。至於向辦案人員以外之人洩密者，仍應負刑責，固不待言。 二、揭弊者於揭弊前或揭弊後向律師徵詢法律意見時，因而洩漏國家機密或營業秘密者，事關揭弊者權益之保障，亦應免責，爰參照美國立法例，為本條後段之規定。 三、揭弊者向第六條之受理人員或法人揭弊時，應自行過濾機密事項，否則若有洩密，仍應負法律責任，不受本法保護。

第十三條　揭弊者係揭弊內容所涉犯罪之正犯或共犯，且符合證人保護法第三條及第十四條第一項之要件者，得依同法第十四條第一項予以減輕或免除其刑，不受該法第二條所列罪名之限制。

機關受理前項經法院判決免除其刑確定之揭弊者申請再任公職案件時，得不受公務人員任用法第二十八條第一項第四款之限制。

一、揭弊者若有到場作證且符合證人保護法第十四條第一項之規定，則所涉罪名不受證人保護法第二條之罪名之限制，亦得享有刑責減免之寬典，參酌兒童及少年性剝削防制條例第十一條及人口販運防制法第二十三條之規定，爰為第一項規定。另揭弊者因正犯或共犯行為經判決有罪，仍不影響其得受第七條至第十條之保護權益。

二、按公務人員任用法第二十八條第一項第四款規定「有下列情事之一者，不得任用為公務人員：……四、曾服公務有貪污行為，經有罪判決確定或通緝有案尚未結案」，為鼓勵正犯或共犯中之公務員勇於揭弊，並保障其免職後申請再任公職之權益，爰為第二項之規定。本項僅提供揭弊者再任公職之申請權利，至於受理任職機關仍得依個案裁量，審酌准否再任公職。

第十四條　揭弊者符合證人保護法第三條之要件者，其本人或其配偶、直系血親、其他身分上或生活上有密切關係之人，得依該法施以人身安全之保護措施，不受該法第二條所列罪名之限制。 意圖妨害或報復受本法保護之揭弊者揭發弊端、配合調查或擔任證人，而向揭弊者或其配偶、直系血親、其他身分上或生活上有密切關係之人實施犯罪行為者，依其所犯之罪，加重其刑至二分之一。	一、為擴大保護範圍，避免被揭弊者以揭弊者密切關係之人之人身安全相脅，本條所稱揭弊者之密切關係之人，其範圍係指具揭弊者之配偶及直系血親之身分者，無待舉證即有受保護之適格；其餘有密切關係之人除參酌證人保護法施行細則第三條所稱「密切利害關係之人」以親等之遠近為判斷依據外，尚應就個案審酌其是否與揭弊者實際上有緊密之身分上或生活上關係為判斷，爰參酌證人保護法將揭弊者之密切關係人列入人身保護範圍，於第一項明定揭弊者若有到場作證，即可獲證人保護法之人身安全保護措施，所涉罪名不受該法第二條之限制。 二、為強化揭弊者之人身保護，參酌證人保護法第十八條之規定，明定對於揭弊者及其密切關係之人實施犯罪者，加重刑罰，爰為第二項之規定。
第十五條　受理揭弊機關及其承辦調查或稽查人員，對於揭弊者之身分應	一、本條之規定屬於保護他人權利之法律，至於違反本條之民刑事責任，宜由法院依民事侵

予保密，非經揭弊者本人同意，不得無故洩漏於被揭弊對象或他人。

權行為法則及刑法之洩密罪構成要件認定之。

二、有正當理由時，例如因調查之必要揭露給其他協辦人員，並非本條之所禁止，故本條明定「不得無故」洩漏之用詞。

第十六條　揭弊者依本法所受之保護，不因下列情形而喪失：

一、所揭露之內容無法證實。但明顯虛偽不實或檢舉行為經以誣告、偽證罪判決有罪者，不在此限。

二、所揭露之內容業經他人檢舉或受理揭弊機關已知悉。但案件已公開或揭弊者明知已有他人檢舉者，不在此限。

一、揭弊者若係基於有事實合理相信而揭弊，非明知不實或出於惡意，縱經調查後查無實據仍應受保護，否則將使揭弊者退怯而不願挺身揭弊。惟若檢舉之內容明顯虛偽不實或空泛時，為避免浪費調查資源，間接助長造假文化，自不應受本法保護，爰為第一款之規定。

二、針對非首位檢舉之揭弊者，雖其所提供之消息與首位揭弊者有所重複，惟若其因而遭受不利之人事措施，其權益仍應受保護，爰參酌美國立法例，為第二款本文之規定。另考量國家資源衡平分配，對已公開或明知他人已檢舉之案件而再為檢舉者，恐有濫訴或以獲取不當利益為目的之虞，而徒增偵查資源之浪費，爰為第二款但書之規定。

條文	說明
第十七條　揭弊行為得給與獎金者，其獎金給與基準及相關事項之規定，由各目的事業主管機關定之。 任職之政府機關（構）、法人、團體或雇主對於揭弊者依法令所得領取之檢舉獎金，不得主張扣抵。	一、檢舉獎金之領取與本法所提供之保護，條件容有不同，故宜由目的事業主管機關，於單行法規中明定其給與基準與其他相關事項，爰訂定第一項。惟因公務員之獎金發給，涉及行政院待遇決策權行使，且公務員執行本職業務知有不法，本即具有告發義務，不宜再行發給獎金。為免引致獎金發給爭議，各目的事業主管機關訂定上述獎金給與標準及相關事項規定，不得引據本條作為法律授權依據及公務員執行本職業務所為揭弊行為發給獎金之合理性理由。 二、揭弊者依法令領取揭弊獎金，與任職之政府機關（構）、法人、團體或雇主依第七條第三項對揭弊者所負之損害賠償責任無涉，為免上開雇主等以揭弊者因揭弊行為已領有檢舉獎金主張扣抵之抗辯，爰為第二項之規定。
第十八條　本法施行細則，由行政院會同司法院、考試院定之。	因本法對於揭弊者之保護涉及法院審理程序及公務員保障等規範，爰由行政院會同司法院及考試院訂定施行細則。
第十九條　本法自公布後一年施行。	明定本法自公布後一年施行。

附表一　第三條第七款弊案範圍

編號	法律名稱	範圍
一	刑法	犯第一百八十五條之三、第一百八十五條之四及第一百九十條之一第八項以外之第十一章公共危險罪、第二百十條至第二百十七條及第二百十八條第二項足以生損害於公眾者、第三百五十三條、第三百六十一條及第三百六十二條致生損害於公眾者之罪。
二	人口販運防制法	犯第三十一條至第三十四條之罪。
三	洗錢防制法	犯第十四條、第十五條之罪。
四	政府採購法	犯第八十七條至第九十一條之罪。
五	勞動基準法	犯第七十五條、第七十六條之罪。

六	職業安全衛生法	犯第四十條之罪。
七	就業服務法	犯第六十三條、第六十四條之罪。
八	銀行法	犯第一百二十五條、第一百二十五條之二、第一百二十五條之三、第一百二十七條、第一百二十七條之一第一項、第一百二十七條之二第一項之罪。
九	金融控股公司法	犯第五十七條、第五十七條之一、第五十八條第一項之罪。
十	信用合作社法	犯第三十八條、第三十八條之二、第三十八條之三、第三十九條第一項、第四十條第一項之罪。
十一	信託業法	犯第四十八條之一、第四十八條之二、第四十九條之罪。
十二	票券金融管理法	犯第五十八條、第五十八條之一、第五十九條第一項、第六十條第一項之罪。
十三	證券交易法	犯第一百七十一條第一項、第一百七十二條、第一百七十三條、第一百七十四條第一項至第四項、第六項、第七項之罪。

十四	期貨交易法	犯第一百十二條第一項、第一百十六條之罪。
十五	電子支付機構管理條例	犯第四十四條至第四十六條之罪。
十六	電子票證發行管理條例	犯第三十條之罪。
十七	保險法	犯第一百六十七條之一第一項前段、第一百六十八條之二之罪。
十八	證券投資信託及顧問法	犯第一百零五條第一項、第二項、第一百零五條之一之罪。
十九	簡易人壽保險法	犯第三十五條之罪。
二十	公平交易法	犯第三十四條之罪。
二十一	海洋污染防治法	犯第三十六條、第三十七條、第三十九條之罪。
二十二	毒性及關注化學物質管理法	犯第五十條、第五十一條之罪。
二十三	環境影響評估法	犯第二十一條、第二十二條後段、第二十三條第二項後段之罪。

二十四	飲用水管理條例	犯第十六條、第十八條之罪。
二十五	空氣污染防制法	犯第五十一條至第五十五條之罪。
二十六	水污染防治法	犯第三十四條、第三十五條、第三十六條第一項至第三項、第五項、第三十七條之罪。
二十七	廢棄物清理法	犯第四十五條第一項、第四十六條之罪。
二十八	土壤及地下水污染整治法	犯第三十二條、第三十三條之罪。
二十九	水土保持法	犯第三十二條第一項至第四項之罪。
三十	山坡地保育利用條例	犯第三十四條第一項至第四項之罪。
三十一	森林法	犯第五十一條第一項至第五項、第五十三條、第五十四條之罪。
三十二	兒童及少年性剝削防制條例	犯第三十二條至第三十五條、第三十六條第一項至第五項、第三十七條、第四十五條第二項至第四項之罪。
三十三	醫師法	犯第二十八條之罪。

三十四	兒童及少年福利與權益保障法	有第九十七條、第一百零七條及第一百零八條處罰鍰之行為。
三十五	身心障礙者權益保障法	有第九十條、第九十五條第一項處罰鍰之行為。
三十六	老人福利法	有第四十八條及第五十一條處罰鍰之行為。
三十七	性別平等教育法	有第三十六條第一項第二款處罰鍰之行為。

附表二　第三條第八款弊案範圍

編號	法律名稱	範圍
一	刑法	犯第一百二十二條第三項、第二百五十二條以外之第十九章之妨害農工商罪、第三百三十九條之四之罪。
二	貪污治罪條例	犯第十一條之罪。
三	環境用藥管理法	犯第四十二條、第四十三條之罪。
四	食品安全衛生管理法	犯第四十九條第一項至第五項之罪。
五	藥事法	犯第八十二條至第八十六條之罪。
六	私立學校法	有第七十八條至第八十條處罰鍰之行為。
七	律師法	有第三十九條第三款應付懲戒之行為。

REVOLUTION19

吹哨人：小蝦米對抗國家機器的平民戰役

作　者—黃光芹
照片提供—黃光芹、大一國際有限公司（隋棠照片）
特約編輯—葉惟禎
副 主 編—謝翠鈺
美術編輯—趙小芳、SHRTING WU（彩頁）
封面設計—陳文德

董 事 長—趙政岷
出 版 者—時報文化出版企業股份有限公司
108019台北市和平西路三段二四〇號七樓
發行專線—（〇二）二三〇六六八四二
讀者服務專線—〇八〇〇二三一七〇五
（〇二）二三〇四七一〇三
讀者服務傳真—（〇二）二三〇四六八五八
郵撥—一九三四四七二四時報文化出版公司
信箱—一〇八九九台北華江橋郵局第九九信箱
時報悅讀網—http://www.readingtimes.com.tw
法律顧問—理律法律事務所 陳長文律師、李念祖律師
印　刷—勁達印刷有限公司
初版一刷—二〇二〇年十二月十一日
二版一刷—二〇二一年一月二十五日
定價—新台幣三五〇元
缺頁或破損的書，請寄回更換

時報文化出版公司成立於一九七五年，
並於一九九九年股票上櫃公開發行，於二〇〇八年脫離中時集團非屬旺中，
以「尊重智慧與創意的文化事業」為信念。

吹哨人：小蝦米對抗國家機器的平民戰役 / 黃光芹作. -- 初版. -- 臺北市：時報文化, 2020.12
面；　公分. -- (Revolution ; 19)
ISBN 978-957-13-8481-8(平裝)

1.社會正義

540.21　　109019095

ISBN 978-957-13-8481-8
Printed in Taiwan